렉시오 디비나

거룩한 독서의 모든 것

렉시오 디비나
LECTIO DIVINA

거룩한 독서의 모든 것

제임스 윌호이트, 에반 하워드 지음 | 홍병룡 옮김

아바서원

차

례

–

서문 —— 7

1. 하나님을 갈망하는 마음 —— 11
2. 성경, 하나님의 말씀 —— 39
3. 성경을 읽는 우리는 누구인가? —— 67
4. 읽기 —— 97
5. 묵상하기 —— 123
6. 기도하기 —— 147
7. 관조하기 —— 177
8. 인생의 시련 중에 행동하기 —— 205

결론 —— 227

참고문헌 —— 234

주 —— 236

우리는 지금까지 살아오면서 우리를 회복시키고 치유하고 변화시
키며, 우리에게 생기와 인내심과 기쁨을 주는 성경의 능력을 경험
했다.

　이 책은 여러 면에서 우리의 신앙 성장에 기여한 사람들과 그룹들
에 드리는 찬사다. 초기에 우리가 속했던 복음주의 기독교는 역사에
큰 관심이 없었지만 렉시오 디비나(lectio divina)란 용어를 사용하지
않고도 우리에게 그 기본원리를 가르쳐주었다. 우리는 성경을 읽고
기도하고 묵상하는 법과 그 행위를 통해 하나님께 귀 기울이는 법을
배웠다. 폭넓은 독서를 하면 할수록 우리는 감사하는 마음으로 예전
에 복음주의 캠퍼스 선교 단체들과 교회들에서 받은 그 탄탄한 훈련

으로 되돌아가게 된다.

오늘과 같은 디지털 시대에 책 한 권의 능력을 주장하는 것은 몹시 터무니없어 보인다. 그러나 그리스도인은 하나님이 성경을 통해 놀라운 일을 하실 수 있다고 믿는다. 가령, 사랑하는 면에서 성장하라는 성경의 요구를 생각해보라. 어떻게 그렇게 할 수 있을까? 흔히들 사랑은 하면 할수록 사랑하는 데 더 익숙해진다고 대답한다. 상당히 지혜로운 응답이다. 하지만 알다시피 사랑하려 애쓴다고 해서 사랑이 생기는 것은 아니다.

사랑은 우리의 마음이 사랑스러운 생각을 귀하게 여기도록 훈련받고, 우리의 몸이 사랑의 행위를 하도록 훈련받을 때 꽃이 피는 잘 개발된 성품이다. '렉시오 디비나'는 우리를 사랑하는 면에서 성장하도록 도울 수 있다. 렉시오 디비나를 통해 하나님의 말씀을 묵상하면서 우리를 치유하는 그분의 참 사랑을 경험하게 되고, 사랑의 뿌리, 곧 우리의 생각에 주목하는 법을 배우기 때문이다.

렉시오 디비나는 그리스도를 점차 닮아가게 하는 커리큘럼의 일부이다. 역사를 되돌아보면, 거기에는 우리를 새롭게 하는 능력이 있었기에 영성 개발 프로그램의 중심에 놓일 수 있었다. 누르시아의 베네딕트는 수도원을 세울 때 그곳을 회심과 배움과 성화의 학교로 만들 생각이었다. 따라서 렉시오 디비나를 일상생활의 일부로 삼았다. 기도하는 마음으로 성경을 읽고 묵상할 때 생기는 능력이 인생의 향방을 좌우한다는 것을 알았기 때문이다. 이와 비슷하게, 마르틴 루터도 좋은 신학자가 되는 법에 대해 간단한 충고를 하게 되었을 때, 성경에 대한 베네딕트의 접근법과 매우 유사한 접근법을 취했다.

우리 두 사람은 성경에 대한 폭넓고 깊은 접근에 대한 열정 때문에 이 책을 쓰지 않을 수 없었다. 우리는 성경 신학에 헌신한 학자들이다. 그러므로 우리는 복음의 진리에 따른 마음과 지성, 삶의 변화는 학문과 믿음의 행위가 조화될 때 가장 잘 도모된다고 믿는다. 우리의 목표는 성경에 신앙적으로 접근하는 법을 소개하는 것이다.

이 책은 두 친구가 함께 쓴 것인데, 현재 우리는 멀리 떨어져 있거나와 누가 무엇을 썼는지도 잘 기억이 나지 않는다. 우리는 이것이 합작품임을 보여주기 위해 일인칭 복수명사인 '우리'를 사용하기로 했다. 이따금 어떤 이야기나 글이 누구의 것인지를 나타내기 위해 '나'라는 단어를 사용하겠지만 둘 중 누구인지는 밝히지 않을 것이다. 누구든 상관이 없기 때문이다.

이 책을 집필하는 동안 도움을 준 모든 친구에게 특별히 감사한다. 린다 로제마, 조너선 킨드버그, 베서니 윌슨, 닐 윌슨, 스티브와 캐시 패리시, 놈과 버서 존스턴 가족, 코키와 재닛 하트먼, 마르티이슬러, 셰린 크레인, 스테파니 노블, 빌 베넷, 패니 팩스턴, 루산 뷀러, 래리 데이, 매트와 크리스티 앤드루스 등 많은 사람이 원고의 일부 또는 전부를 읽고 유익한 조언을 해주었다. 닐 윌슨은 귀중한 비평과 질문을 해주었다. 또한 스테파니 패리어는 원고 정리에 필요한 제안을 많이 해주었고, 캐슬린 크루스는 교정 작업과 워드 프로세싱 작업을 도와주었다. 어맨더 엘스켄스는 질문 만드는 일을 도와주었고, 이밖에도 다수의 조교가 여러 모양으로 도움을 주었다.

우리는 또한 IVP 출판사의 직원들에게 감사하는 바이다. 신디 번치는 이 프로젝트가 진행되는 내내 훌륭한 안내자 역할을 했다. 제임스가 휘튼 대학교의 석좌교수로 임명되는 데 도움을 주고, 성경과 삶에 관한 글을 쓰도록 격려한 스크립처 프레스 재단에도 고마움을 전한다.

끝으로, 앞에서 언급했듯이 이 책은 멀리 떨어져 있는 두 친구의 합작품이다. 우리 둘은 10년 전 기독교 영성 분야의 복음주의 학자들이 모이는 연례 집회를 준비하던 중에 만났다. 여러 해 동안 그 '학자 모임'은 우리가 서로의 글을 평가해온 만큼 학문적 발달을 지지하는 환경이었을 뿐 아니라, 서로에게 마음을 터놓고 개인적인 나눔을 갖는 귀중한 시간이기도 했다. 그 그룹은 우리가 이 책을 통해 전달하고픈 '머리와 가슴의 조합'을 보여주는 귀감이 되었다. 이 책을 그들에게 바친다.

렉시오 디비나
거룩한 독서의 모든 것

1.
하나님을
갈망하는
마음

우리는 둘 다 아버지다. 그래서 어린 자녀를 키우는 재미를 알고 있다. 아이들이 우리 무릎 위에 기어올라 바싹 달라붙어 있을 때 느끼는 기쁨도 그 중 하나다. 장난감도 없고, 훈육할 필요도 없고, "아빠, 제발"이란 요청도 없으며, 그저 아버지와 아이가 함께 있는 시간. 특별히 해야 할 일 없이 함께 있는 것 자체가 순전한 즐거움이다. 우리가 깊이 사랑하고 잘 아는 자녀(또는 아버지나 어머니)와 시간을 보내는 것은 만족스러운 기쁨을 준다.

다윗 왕은 이런 '부모-자녀' 이미지를 이용해 하나님과의 친밀한 관계를 묘사했다. "실로 내가 내 영혼으로 고요하고 평온하게 하기를 젖 뗀 아이가 그의 어머니 품에 있음 같게 하였나니 내 영혼이 젖

뗸 아이와 같도다"(시 131:2). 이 아이가 엄마에게 오는 것은 젖을 먹기 위해서가 아니라 엄마와 함께 있는 것을 즐기기 위해서다.

이 책은 성경으로 기도하고 성경을 묵상하는 것에 관한 책이지만 무엇보다도 하나님과의 친밀함에 관한 책이다. 우리의 목표는 성경을 읽고 기도하고 묵상하는 법을 소개하여, 치체스터의 주교인 리처드의 말을 빌자면, "우리가 그리스도를 좀 더 명료하게 보고, 그분을 좀 더 애틋하게 사랑하고, 그분을 좀 더 가까이 따르게" 하는 것이다.[1]

신약성경이 완성된 직후 그리스도인들은 단순히 하나님과 함께하는 방편으로 기쁨과 변화를 도모하기 위해 성경을 읽곤 했다. 이와 같은 거룩한 성경 읽기는 기도하고 영적으로 새롭게 되기 위해 사막으로 향했던 사람들 사이에 특히 유행했다. 4세기에 이르러 많은 교회가 성경을 경건하게 읽는 훈련을 받아들였다. 렉시오 디비나(그 훈련에 붙인 이름이다)는 사람들을 성경 읽기에 몰입하게 했는데, 그 취지는 성경을 기도와 묵상의 맥락에서 읽게 하는 것이었다. 말하자면, 성경을 변혁적인 친밀성에 이르는 관문으로 활용하는 것이다. 당신도 이 책을 읽음으로써 성경을 통해 늘 당신을 변화시키시는 하나님과의 친밀한 관계로 향하는 진입로를 발견하기 바란다.

렉시오 디비나
거룩한 독서의 모든 것

우리는 생수에 목마르다

　우리는 간절히 바란다. 우리는 하나님과, 우리 자신과, 다른 이들과, 그리고 세계와 친밀해지기를 갈망한다. 우리가 현재 몸담은 세계와는 너무도 다른 세계를 위해 창조되었기 때문이다. 우리는 본래 에덴동산에서, 즉 하나님이 그분의 백성과 함께 걸었던 곳, 일을 하면 아름다움이 생산되고 삶의 리듬이 조화를 이루던 곳에서 살도록 지음을 받았다. 그러나 에덴의 이편에서 일어나는 깨어짐과 불의, 정욕, 결핍 때문에 우리는 더 나은 곳을 향한 열망을 품게 되었다. 우리는 향수병을 안고 태어난 존재들이다. 그래서 제자리를 찾지 못한 채 늘 불안정한 상태에 있는 것이다.

　성경은 우리 영혼의 불안정한 상태를 묘사하기 위해 갈망이란 용어를 사용한다. "내 영혼이 하나님 곧 살아 계시는 하나님을 갈망하나니"(시 42:2). 이런 영적 갈망 때문에 하나님은 우리가 그분의 은혜를 받아들이기를 바라신다. 이사야서 55장 1-3절에 그분이 우리를 초대하시는 장면이 나온다. "오호라 너희 모든 목마른 자들아 물로 나아오라 돈 없는 자도 오라 너희는 와서 사 먹되 돈 없이, 값 없이 와서 포도주와 젖을 사라…내게 듣고 들을지어다…그리하면 너희의 영혼이 살리라." 이 갈망은 인간 조건의 일부다. 누구나 목이 마르기 때문에 갈망하고 열망하는 노래를 부르는 것이다. 국가가 목이 마를 때는 혁명이 일어난다. 기독교 심리학자이자 강사인 래리 크랩은 이렇게 말한다. "각자 삶의 표면 아래에는, 특히 더 성숙한 사람일수록 그 아래에는 결코 사라지지 않는 갈망이 있다. 그것을 무시하고 가장하고 엉뚱한 딱지를 붙이거나 많은 활동으로 억누를 수는 있으나 사라지게 할 수는 없을 것이다.…갈망하는 영혼은 신경증이나 영적 미성숙의 증거가 아니라 실존의 증거이다."[2] 예수님도 다음과 같은 말씀으로 이 갈망을 인정하신다. "의에 주리고 목마른 자는 복이 있나니 그들이 배부를 것임이요"(마 5:6).

따라서 우리가 던질 질문은 "당신은 목마른가?"가 아니라 "당신은 그 목마름에 무슨 조치를 취하는가?"이다. 그 불안정한 상태에서 취하는 조치가 우리의 인생 경로를 좌우한다. 우리의 속 깊은 갈망에 대해 우리는 무엇을 하고 있는가?

어떤 이들은 그 모든 갈망을 바로 여기에서 당장 충족시키려고 한다. 우리는 공허함을 느끼면 그 빈 공간을 인간관계나 약물, 사회활동, 또는 온갖 경험으로 가득 채우려고 애쓴다. 또는 이런 갈망이 우리를 데려가는 곳을 어렴풋이 감지하고는 그곳에 가기 싫어서 아예 그것을 부정하거나 주의를 딴 데로 돌린다. 이상한 점은 남들이 그 갈망을 채우려고 이용하는 수단으로 우리가 우리의 갈망을 부정한

렉시오 디비나
거룩한 독서의 모든 것

다는 것이다. 쓸데없이 바쁜 생활과 자기애적인 오락 등, 세상에서 성공해도 만족하지 못한다는 사실을 외면하게 하는 것들에 몰입한다는 말이다.

우리는 우리가 매우 불안정하다는 사실을 가려주는 것이라면 무엇이든 붙잡을 것이다. 우리 사회에는 상처받은 영혼의 고통에 등을 돌리게 해주는 산업이 즐비하다. 때로 그런 오락은 어둡고 나쁘다. 또 어떤 경우에는 밝고 유익하다. 때로 속 깊은 부르짖음을 외면하게 해주는 괜찮은 종교 활동도 있다. 감동적인 책과 강의록을 모으기도 하고, 성경 공부에 참석하기도 하고, 다른 사람과 기도 제목을 나누기도 하고, 끝없는 영적 토론에 참여하기도 한다. 하지만 이 모든 활동이 사실은 우리의 갈증과 슬픔, 영혼이 깨지고 궁핍해진 모습을 직면하지 못하게 할 수도 있다.

17세기의 통찰력 있는 수학자이자 물리학자요 발명가였던 파스칼은 『팡세』에서 기분전환용 방책이 우리 가슴의 부르짖음을 듣지 못하게 할 수 있다고 경고했다.

때때로 사람의 다양한 활동과 그들이 법정이나 전쟁에서 부딪히는 위험과 곤경, 수많은 논쟁과 정염을 야기하는 것들, 무모하고 사악한 기업 등에 관해 생각할 때면, 나는 인간이 불행한 유일한 원인은 자기 방에 조용

히 머무는 법을 모르는 것이라고 자주 말했다.[31]

파스칼은 수많은 동료들이 마음의 갈망을 직면하지 않고 도망치는 모습을 보았다. 대다수는 유희를 이용했다. 그 중 다수는 하찮은 것이고 일부는 고상하지만, 아주 끔찍한 것들도 있었다. 그 어떤 경우든 거기에는 "[우리] 방에 조용히 머물기"를 꺼리는 태도가 깔려 있다. 이처럼 주의를 딴 데로 돌리려는 성향 때문에 '홀로 있음'(solitude)이 오랫동안 중요한 영적 훈련으로 간주되어온 것이다. 홀로 있음은 우리가 우리 자신과 함께 앉아 우리의 갈증을 인식하도록 강요한다.

성경은 우리의 갈증을 질릴 정도로 충족하거나 부정하지 말고 제대로 만족시키라고 강조한다. 예수님은 그분이 우리 영혼의 갈증을 풀어줄 수 있다고 말씀하실 정도로 대담했다. 우물가의 여인에게 예수님은 이렇게 말씀하셨다. "내가 주는 물을 마시는 자는 영원히 목마르지 아니하리니 내가 주는 물은 그 속에서 영생하도록 솟아나는 샘물이 되리라"(요 4:14). 이 생수는 그리스도께서 제공하시고 성령이 공급하시는 것이다(요 7:37-39).

그런데 모든 것이 정리된 종말의 끝에 이르러도 영적인 갈증은 여전히 존재한다. 사람들이 하나님을 향한 갈망의 본질을 이해하고 그

렉시오 디비나
거룩한 독서의 모든 것

것을 만족시킬 물이 가까이 있다는 것을 아는 것은 다행이다.

"이는 보좌 가운데에 계신 어린 양이 그들의 목자가 되사 생명수 샘으로 인도하시고 하나님께서 그들의 눈에서 모든 눈물을 씻어 주실 것임이라" (계 7:17).

"내가 생명수 샘물을 목마른 자에게 값없이 주리니"(계 21:6).

"또 그가 수정 같이 맑은 생명수의 강을 내게 보이니 하나님과 및 어린 양의 보좌로부터 나와서"(계 22:1).

"성령과 신부가 말씀하시기를 오라…목마른 자도 올 것이요 또 원하는 자는 값없이 생명수를 받으라 하시더라"(계 22:17).

우리가 목마른 것은 놀랄 일이 아니다. 그렇게 타고났기 때문이다. 문제는 그 목마름을 어떻게 해결하는가 하는 것이다. 우리는 해갈하려고 애쓰는가? 그 갈증을 부정하거나 주의를 딴 데로 돌리지는 않는가? 목마름을 해결하려고 하나님께로 향하고 있는가?

이 책은 성경을 통해 하나님께 나아가 영혼의 갈증을 풀 수 있는 오랜 방법을 제시한다. 우리 둘은 하나님과 함께 있는 것을 즐기기 위해 성경을 통해 하나님 앞에 나아가는 방법을 알고 있다. 수년 동안 우리는 하나님과의 친밀한 교제에 이르는 수단으로 성경을 이용해왔다. 우리는 갈증을 품고 성경으로 왔다가 갈증이 채워지는 것을 경험했다. 갈증이 그대로 남아 있을 때에도 변화될 때가 많았고, 언제나 하나님께 인도되었다.

묵상으로의 초대

오랫동안 그리스도인들은 기도와 묵상의 지침을 주로 시편에서 찾았다. 시편은 많은 저자가 여러 세기에 걸쳐 쓴 영적 서정시들을 의도적으로 묶은 모음집이다. 시편 1편은 일종의 서문 역할을 하도록 맨 앞에 실렸다. 이것은 가장 초창기의 주석가들이 시편 1편이 서문으로 적당하다고 생각했다는 뜻이다. 제롬(347-420) 역시 시편 1편을 시편 전체를 안내하기 위해 성령의 영감을 받은 서문으로 묘사한 바 있다.[4] 이 시편은 이후에 나오는 시편들을 묵상하도록 우리를 초대한다.

서곡에 해당하는 첫 번째 시는 시편이 두 가지 생활방식을 보여준다는 것을 일깨운다. 한 가지 방식은 번창하는 삶을 낳고, 다른 하나는 시드는 삶으로 귀결된다. 번영의 길을 걷는 것은 이중적인 과정을 포함한다. 즉, 1절의 파괴적인 권고를 단호히 거절하는 것("악인들의 꾀를 따르지 아니하며")과 2절의 권고를 포용하고 귀하게 여기는 것("오직 여호와의 율법을 즐거워하여 그의 율법을 주야로 묵상하는도다")이다.

묵상하는 사람은 "시냇가에 심은 나무"(시 1:3)와 같다. 이 나무는 양식과 중요한 재료의 원천인 대추야자일 가능성이 높다. "시냇가"는 고대 이스라엘에서 보기 드문, 언제나 물이 가득한 용수로를 묘사한다. 이 첫 번째 시는 우리의 깊은 갈증을 근본적으로 풀어주는 방법을 제시한다. 먼저 우리는 악한 자의 권고를 따르기를 거부해야 한다. 우리의 갈증을 부인하거나 물릴 정도로 충족시키지 말라는 것이다. 그 대신 우리 자신을 하나님의 율법 근처에 심어 놓고 갈급한 부분이 늘 거기에 노출되도록 해야 한다. 시편 1편은 우리 영혼에 필요한 영적 영양분을 공급받을 수 있도록 뿌리를 깊이 내리는 것에 초점을 맞추라고 일러준다. 뿌리를 깊이 내리는 한 가지 방법은 성경 묵상이다. 그렇다면 가장 깊은 갈증은 어떻게 다룰 것인가? 우리는 우리 자신을 시냇가에 심어야 한다. 그리고 성경을 묵상해야 한다. 그렇게 하면 어떻게 되는가? "그 잎사귀가 마르지 아니함 같으니 그가 하는 모든 일이 다 형통하리로다"(시 1:3).

우리는 당신을 "렉시오 디비나"로 불리는 이 훈련으로 초대한다. 이 라틴어는 "신성한 교훈"(lectio는 결국 '독서'를 의미하게 되지만 애초에는 실제 텍스트를 가리켰다)이란 뜻을 담고 있는데, 이는 신앙적으로 성경을 읽는 행습, 곧 말씀(the Word)에 우리의 마음과 삶이 흠뻑 젖는 행습을 묘사한다. 그래서 "방법이 없는 방법"[5]으로 불렸던 것이다. 이 행습은 성경과 기도, 그리스도를 본받기에 전념하는 삶에서 저절로 흘러나온다. 오랜 세월에 걸쳐 다수의 지혜로운 그리스도인들이 이 행습을 연마하는 법에 관한 지침을 제공해왔다.

누르시아의 베네딕트(480-547)는 "렉시오 디비나"란 어구를 사용했던 초기 인물 중 하나였다. 그는 수도원 공동체를 지도하기 위해 공동생활을 위한 지침을 개발했는데, 이는 오늘날 "성 베네딕트의 규칙"으로 알려져 있다. 여기서 공동생활의 구조 속에 성경과 기도에 대한 강조점을 내장시켰다. "게으름이 영혼의 적"이라고 믿은 그는 "형제들은 거룩한 독서와 더불어 신체 노동을 위해 특정 시간을 할애해야 한다"[6]고 규정했다.

베네딕트는 그들의 생활리듬 속에 경건하게 성경에 집중하는 시간을 짜 넣었다. 동시에 베네딕트 문화는 성경을 읽고, 묵상하고, 기도하고, 필사하고, 경청하고, 암기하고, 분석하고, 해석하고, 공부하고, 적용하는 것을 따로 분리할 수 없는 한 덩어리로 취급하려고 애

썼다. 그럼에도 시간이 흐르면서 그리스도인들은 그 가운데 특정한 구성 요소들을 강조하기 시작했다. 읽기(*lectio*), 묵상하기(*meditatio*), 기도하기(*oratio*), 관조하기(*contemplatio*) 등이 그것이다.

사람들이 렉시오 디비나를 일종의 영적 기술로 배워오긴 했지만, 수많은 사람이 그 어구 자체와 오랜 세월에 걸쳐 제시된 다양한 모델을 전혀 모르는 채 그것을 실천하고 있다. 우리의 목표는 우리가 생각하는 렉시오 디비나를 소개하는 일이다. 우리는 렉시오 디비나를 성실한 그리스도인이 경건하게 성경을 읽을 때 거치는 자연스러운 과정으로 본다.

종교개혁가인 마르틴 루터(1483-1546)는 그의 저술의 비텐베르크판(版)에 서문을 써달라는 부탁을 받았다. 루터는 그의 모든 저술이 출판되는 것에 약간 주저하면서도 종교개혁이 학자들의 방대한 책들보다 성경 자체에 대한 공부를 증가시킬 것으로 기대했다. 어쨌든 그의 저술이 출판되는 중이었고 서문을 부탁받았기에 그는 이를 '올바른 신학 연구 방법'을 가르치는 기회로 삼기로 했다. 그는 구체적으로 시편 119편을 하나의 모델로 제시했다. "거기서 당신은 시편 전체에 걸쳐 명백히 나타나는 세 가지 규율을 찾을 수 있다. 그것은 기도와 묵상, 시험이다." 성령의 도움을 구하는 기도(*orātio*), 성경 말씀에 대한 반복적인 성찰(*meditātio*), 인생의 시련을 겪는 중에 하나님을 성실히 추구하는 일(tentátīo)이 진리에 이르는 길이다. 그래서 루터는 이렇게 썼다. "만일 당신이 그의[다윗의] 본보기를 좇아 열심히 공부한다면…당신이 진짜 신학자가 되기 시작한다는 것을 두려워하지 말라."[7]

루터는 베네딕트와 같이 묵상적인 성경 읽기의 가치를 알았다. 그는 묵상적인 성경 읽기를 올바른 신학 연구 방법으로 보았다. 그리고 베네딕트 수도사들처럼 이 과정(기도, 묵상, 몸부림)에 속하는 일련의 구성 요소들을 파악했다. 우리는 이 주제를 연구하는 동안 루터의 구성 요소들과 베네딕트의 구성 요소들을 모두 탐구하는 것이 유익하다는 점을 발견했다. 그러므로 이 책에서 우리는 온 교회가 공유해온 행습을 다시 소개하려고 한다. 내용인즉, 하나님과의 변혁적인 친밀함을 촉진하기 위해 묵상하면서 성경을 읽는 행습이다.

"렉시오 디비나"란 문자적으로 신성한 독서(divine reading)란 뜻으로, 천천히 텍스트와 함께하는 것을 강조하는 독서의 한 과정을 말한다. 이는 텍스트와 함께하는 네 가지 방법을 포함한다. 이 방법들은 차례가 있는 단계가 아니다. 물론 논리적인 순서는 있지만 정해진 순서로 진행할 수도 있고 동시에 진행하는 것도 가능하다. 이

렉시오 디비나
거룩한 독서의 모든 것

단계들은 보통 라틴어 이름을 그대로 쓰는 경우가 많다.

- 읽기(*lectio*): 텍스트를 천천히 주의 깊게 읽는 것이다. 우리가 '공부'라고 부르는 것과 비슷하다.
- 묵상하기(*meditātĭo*): 우리가 읽고 있는 성경에 대한 묵상이다. 그 말씀을 맛보고, 되풀이하고, 생각하고, 소화함으로써 그 말씀이 개인적으로 뜻 깊은 것이 되고 영적인 영양분을 공급하는 일이 일어난다.
- 기도하기(*orátĭo*): 성경과 함께 기도하는 것이다. 먼저 그 말씀을 깨닫게 해달라고 하나님께 기도한다. 그리고 우리가 발견한 약속을 들고 하나님께 나아가고, 본문에 의거해 하나님께 부르짖기도 하고, 그 내용을 통해 그분의 음성을 듣기도 한다.
- 관조하기(*contemplátĭo*): 성경을 통해 하나님 앞에서 안식하는 것이다.

우리가 살펴볼 것처럼 이밖에 다른 호칭들[예컨대, 몸부림(*tentátĭo*), 행동(*operátĭo*)]도 사용되었다.

렉시오 디비나는 텍스트와 함께하는 '양면적인' 방법이다. 우리는 텍스트를 신중하게, 또 분석적으로 읽으면서도 그 아름다움과 개인적인 메시지를 맛보기도 한다. 우리는 하나님 앞에 조용히 앉아 차근차근 성경을 읽으면서도 우리의 삶과 세상과 텍스트를 묶을 때 생기는 기쁨의 탄성을 지르거나 고뇌의 울부짖음을 토로한다. 우리는 텍스트를 열심히 씹어보고 곰곰이 생각한 뒤에 그 속에 기꺼이 몸을 담근다.

성경의 단맛과 쓴맛

어떤 사람이 추수감사절을 맞아 집으로 가고 있다고 상상해보라. 자동차의 와이퍼가 쉴 새 없이 유리창을 왔다 갔다 하고 바람이 휘몰아치는 와중에 다섯 시간이나 운전을 했다. 힘겨운 운전이지만 휴일을 집에서 보낼 만한 가치가 있다는 것을 알기 때문이다. 예전의 추억거리와 가족들이 서로 가깝게 지내던 시절이 눈에 아른거린다. 폭우 속을 홀로 운전하는데 지나간 추수감사절의 정겨운 장면과 희망에 들뜬 마음이 기운을 북돋워준다. 그런데 어두운 기억 역시 떠오른다. 지난 번 다함께 모였을 때 서로 주고받았던 분노와, 자기도 거기에 참여했던 모습이 기억의 한편을 채우고 있다.

집에 가까워질수록 그는 마음속의 엇갈리는 감정을 억누르기가

어려워진다. 그래서 집에서 조금 떨어진 곳에 차를 세우고 현재의
감정을 수습하려고 애쓴다. 아버지는 자녀들이 서로 어떻게 지내기
를 바라실지 생각해본다. 하지만 선뜻 들어갈 수 없다. 그는 친숙한
음식을 맛보고 싶고 모두 모인 자리에서 많은 이야기를 듣고 싶다.
그들의 웃음소리를 듣고 싶은 마음이 간절하다. 그러나 바깥에서 기
다리면 기다릴수록 비난의 소리만이 그를 기다리고 있을 것 같은 두
려움이 몰려온다.

벤치에 앉아 있으니 온몸에 추위가 스며든다. 고개를 들어 집안의
불빛을 바라본다. 그들이 정말 나를 그리워할까? 자동차 시동을 켜
지만 떠날 수는 없다. 마음 한구석에는 집안에 있고 싶은 심정이 더
강렬해진다. 조금만 더 기다려보자. 어쩌면 그들이 나를 찾을지도
모른다.

이 이야기에 등장하는 인물은 똑같은 것에 이끌리는 동시에 반발
했다. 두려움 및 반동과 더불어 매력적이기도 한 이 조합은 너무도
흔한 인간의 경험이라서 사회심리학의 아버지인 쿠르트 레빈(Kurt
Lewin)은 그것을 "접근-회피 갈등"이라고 불렀다. 우리는 저녁시간
을 친구들과 보내고 싶지만(접근), 다음날 아침 일찍 참석할 회의 때
문에 밤늦게 귀가하는 것이 마음에 걸린다(회피). 우리의 삶은 이런
양면적인 상황으로 가득 차 있다. 매운 음식을 좋아하지만 그 맛에

빠져 나중에 치를 대가 때문에 절제하는 경우도 그런 예다. 어떤 코트가 마음에 쏙 들지만 값이 비싸서 망설인다. 그것을 이율배반, 플러스와 마이너스, 이해득실, 또는 관계상의 밀고 당기기 등 어떻게 부르든지 간에 누구나 기본적인 필요를 놓고 줄다리기를 한 경험이 있다.

요한계시록은 성경을 깊이 접한 요한의 경험을 이렇게 묘사한다. "내가 천사에게 나아가 작은 두루마리를 달라 한즉 천사가 이르되 갖다 먹어 버리라 네 배에는 쓰나 네 입에는 꿀 같이 달리라 하거늘 내가 천사의 손에서 작은 두루마리를 갖다 먹어 버리니 내 입에는 꿀 같이 다나 먹은 후에 내 배에서는 쓰게 되더라"(계 10:9-10).

솔직하게 이야기해보자. 갈증을 안고 성경에 다가가도 때로는 그 맛이 달지 않다. 따라서 많은 사람이 성경에 대하여 '접근-회피의 갈등'을 경험하게 된다. 우리는 성경에 끌리지만(인도, 위안, 하나님과의 만남을 위해) 동시에 고개를 돌린다(성경이 권위주의의 수단으로 이용된 경우가 생각나거나 어떤 가르침은 불편하게 느껴진다). 우리는 성경의 장점과 위대한 전통에 매력을 느끼면서도 우리의 경험 때문에 갈등을 느끼기도 한다. 이런 경우, 접근-회피 갈등이 종종 양자가 균형을 이루는 지점에서 해소되기도 한다. 이를테면, 우리가 좋아하는 단락만 다시 읽거나 지난주 설교 본문을 잠깐 보는 것에 그칠 수 있다.

렉시오 디비나
거룩한 독서의 모든 것

계시록에 나오는 두루마리는 천사로 등장하는 그리스도께서 요한에게 주신 것이다. 이 책은 구속의 메시지를 담고 있고, 마치 여권처럼 우리의 신분을 그리스도와 동일시한다. 이 책의 두 가지 속성에 주목할 필요가 있다. 첫째, 이 책은 먹도록 되어 있다. 우리의 마음속에 넣어야 한다는 뜻이다. 오래 전에 에스겔은 이 두루마리를 먹으라는 말을 들었는데(겔 3:3), 그것은 "내가 네게 주는 이 모든 말씀을 네 속에 넣고, 순종하는 자세로 그 말씀에 귀 기울이며, 그 말씀을 네 자신의 것으로 만들도록"(겔 3:10, 의역) 하기 위해서였다. 이 책은 책장에 올려놓거나 그냥 읽는 데 그치지 않고 내면화되어야 한다.

둘째, 이 책은 단맛과 쓴맛을 모두 낸다. 사도 요한은 하나님의 통치에 관한 말씀에서 달콤함을 맛보았고 심판의 메시지에서 쓴맛을 보았다. 꿀을 먹을 것이란 기대가 속이 쓰린 음식을 먹을 것이란 전망보다 훨씬 더 매력적이다. 책에 대한 이 상징적인 말은 성경에도 그대로 적용된다. 성경 역시 내면화되어야 하는 동시에 우리에게 껄끄러운 책이기 때문이다.

우리는 하나님을 향한 갈증을 푸는 수단으로 성경에 다가갔다가 성경이 매력적인 달콤함과 혼동을 가져오는 쓴맛이 섞여 있는 책이라는 것을 발견한다. 우리는 달콤함을 경험하면서도 그 생경함에 혼란스러워하고, 성경을 읽고 나면 때로 쓴맛이 남기도 한다.

이런 반응은 겉보기만큼 이상한 것이 아니다. 성경은 친밀한 메시지를 담은 책이고 친밀함은 두려움을 야기한다. 성경을 사랑해서 번역까지 했던 한 사람은 이렇게 묘사되었다. "여러 해 동안 이 편지들을 자세히 연구한 사람은…그 놀라운 생명력에 충격을 받는다.…그는 작업 중인 그 자료의 살아 있는 속성에 계속해서 충격을 받는다.…거듭하여 그 저자는 자신이 마치 '본선을 차단할' 수 없는 상태로 옛집의 배선을 다시 까는 전기 기사처럼 느껴졌다."[8] 그가 발견한 힘은 원기를 북돋우는 동시에 두려움을 안겨주었다.

당신이 가장 최근에 성경을 펼쳤던 때를 생각해보라. 왜 성경을 펼쳤는가? 우리는 여러 이유로 성경을 펼친다. 교회 모임에서 성경 읽는 소리를 듣는다. 진리와 인도를 구하기 위해 성경을 공부한다. 하나님의 영광과 자기방어를 위해 성경을 사용한다. 성경은 어려운 자를 위로하고 편안한 자에게 도전을 준다. 성경은 달콤한 맛만 나지 않는다. 요한이 말한 쓴맛도 난다. 그리고 우리에겐 단맛만큼 쓴맛도 필요하다. 우리는 달콤한 것과 쓴 것 둘 다에서 영양분을 얻는다. 이처럼 왜곡되고 상처 많은 세상에서는 성경이 달콤한 말씀과 쓴 말씀을 모두 제공한다는 것을 아는 것이 좋다. 그리고 성경을 읽을 때 하나님의 사랑에 굴복하는 법을 배운다면, 우리가 발견하는 친밀함은 단 것과 더불어 쓴 것도 받을 수 있게 해준다.

렉시오 디비나
거룩한 독서의 모든 것

우리는 변화되고 싶다

렉시오 디비나에서 섭취하는 말씀은 우리에게 영양분을 공급할 뿐 아니라 변화를 일으키기도 한다. 변화 역시 우리의 갈증을 풀어 준다. 이유인즉, 우리는 친밀함을 갈망할 뿐더러 그런 친밀함에서 나오는 개인 및 공동체의 삶의 변화도 갈망하기 때문이다. 좀 더 구체적으로 말하면, 성경 읽기와 관련하여 우리는 '신성한 텍스트'와의 관계가 '신성한 삶'으로 이어지길 갈망한다는 뜻이다.

따라서 그리스도인의 영적 형성의 특징을 간단하게 살펴보는 것이 좋을 듯하다. 렉시오 디비나는 영적 형성을 지향하는 '텍스트 읽기'이기 때문이다. 우리는 인간인지라 날마다 일상생활에 의해 형성되는 존재다. 우리의 유전적 편성이 우리가 태어나기 전부터 우리를 형성하기 시작했다. 우리 부모는 우리의 출생 순간부터 그들의 임재나 부재로 우리를 형성했다. 우리 문화도 우리를 형성하기 때문에 중국인의 삶이 캐나다인의 삶과 다르다. 뿐만 아니라 우리는 모두 인생 경로를 밟으면서 영적으로 형성된다. 우리의 인생 경험은 우리에게 영향을 미쳐 하나님에 대한 믿음을 지향하든지 그 믿음에서 멀어지게 한다.

그리스도인의 영적 형성은 예수님의 추종자들이 그리스도를 닮아가는 과정으로, 특히 우리의 성숙과 소망과 관련이 있다. 이는 '영적인'(Spirit-ual) 형성으로, 그리스도의 영(Spirit)이 일차적인 형성자이다. 하지만 의도적인 것이기도 하다. 영적으로 형성되는 우리 역시이 과정에서 능동적인 역할을 한다. 그리스도인의 영적 형성은 공동체적인 성격을 지니고 있다. 우리의 영적 형성은 단지 나와 하나님의 문제가 아니라 나를 빚어주고 나와 함께 성장하는 타인들에게서도 영향을 받는다. 그리고 영적 형성은 나름의 수단이 있고 그 목적은 그리스도를 본받는 것이다. 여기서 형성(formation)이란 예수께서 행하신 일을 행하고, 예수께서 생각하신 것처럼 생각하고, 예수께서 느끼신 것처럼 느껴서 우리 삶의 모든 영역과 모든 순간에서 우리가 좀 더 예수님처럼 되어 가는 과정을 말한다.[9]

우리의 영적 형성을 증진시키는 한 가지 수단은 묵상하면서 성경을 읽는 행습이다. 다시금 시편으로 돌아가서 시편 19편 7-10절을 읽으라.

"여호와의 율법은 완전하여
영혼을 소성시키며
여호와의 증거는 확실하여
우둔한 자를 지혜롭게 하며

여호와의 교훈은 정직하여

마음을 기쁘게 하고

여호와의 계명은 순결하여

눈을 밝게 하시도다

여호와를 경외하는 도는 정결하여

영원까지 이르고

여호와의 법도 진실하여

다 의로우니

금 곧 많은 순금보다 더 사모할 것이며

꿀과 송이꿀보다 더 달도다."

시편 기자는 성경을 가리키는 단어(율법, 증거, 교훈 등)를 그 미덕에 대한 묘사(완전하다, 확실하다, 정직하다 등)와 기능(영혼을 소성시키는 것, 지혜롭게 하는 것, 기쁘게 하는 것 등)에 시적으로 연결한다. 이 부분은 성경의 귀중한 가치를 나타내는 두 가지 강력한 이미지(금과 꿀)와 함께 끝난다.

시편 1편과 같이 시편 19편도 성경의 그림을 번성의 원천으로 묘사하고 있다. 율법을 통해 우리의 영혼이 소생한다. 주님의 교훈을 통해 우리의 마음이 기쁨을 얻는다. 하나님의 계명을 통해 우리의 눈이 밝아진다. 그런데 시편 19편에 나오는 그림은 영양분을 공급받는 모습일 뿐 아니라 변화되는 모습이기도 하다. 하나님의 율법은 우리의 갈증을 풀어줄 뿐 아니라 내면에서부터 변화시키는 역할도 한다. 당신은 변화되기 위해 어디로 가는가? 우리는 성경을 묵상한다.

　다음과 같은 변화들을 상상해보자. 당신은 어느 성경 공부 모임에 참석했다. 그곳에서 몇 명의 친구들이 성경의 한 단락을 중심으로 몇 가지 어려운 질문을 붙들고 씨름한다. 당신도 잠시 그 본문에 흠뻑 젖어들면 어떤 아이디어가 떠오르기도 한다. 당신의 안목이 넓어진다. 믿음이 분명해진다. 그러면 당신은 "내가 예전에는 그런 식으로 그 말씀을 본 적이 없다"고 말한다. 당신의 세계관이 변한 것이다.

　당신은 조용한 장소에서 홀로 복음서의 한 이야기를 읽으면서 당시에 예수님과 함께 있었더라면 어땠을지 마음속에 그려본다. 거기에 예수님과 함께 있다 보니 문득 어떤 '깨달음'이 생긴다. 예수님은 순수하고 아름답게 사랑하시는 분이고, 그분이 지금 여기에서 똑같은 사랑으로 당신을 사랑하신다는 것을 내면 깊숙이 깨닫는다. 그 순간 눈물이 고이고 치유하시는 하나님의 사랑을 경험하게 된다.

　당신은 한동안 어떤 갈증과 씨름하던 중에(예컨대. 옷에 푹 빠져 있다고 치자) 몇 달 동안 잠언과 전도서를 읽고 묵상하는 시간을 가졌다. 이후 요즘 유행하는 옷을 선전하는 광고를 봤는데도 사고 싶은 충동이 그리 강하지 않았다. 묵상이 마침내 변화를 낳은 것이다.

하나님의 영은 우리를 충만하게 하며 더 많은 것을 원하는 우리의 극심한 갈증을 풀어준다. 성령은 우리를 가르치며 하나님의 진리를 보게 하신다(시편 119편을 보라). 성령은 또한 우리의 감정을 개조하고 우리의 습관을 만들며 우리의 관계를 인도하고, 우리가 동요할 때는 우리를 위로하고 우리가 너무 편할 때는 우리를 동요시키는 등 우리를 빚으신다. 사실 성령의 능력으로 삶의 모든 측면이 변화될 수 있다. 그리고 우리의 갈증을 풀어주는 성령의 사역과 같이 성령의 영감을 받은 성경에 시간을 쓰는 것(거룩한 독서)도 변화를 도모하는 길이다.

이제부터 우리는 렉시오 디비나의 행습에서 얻은 지혜를 나누고자 한다. 하나님께 두 손을 벌린 채 기도와 성경에 몰입하는 법과 세상의 필요와 날마다 만나는 이들의 필요를 위해 부르짖는 법 등이다. 2장은 하나님의 말씀을 담은 책인 성경에 초점을 맞출 것이다. 이는 거룩한 독서의 하나님 편에 해당한다. 성경이란 무엇인가? 성경은 우리와 하나님의 관계에 어떤 관련이 있는가? 3장은 거룩한 독서의 인간 편에 해당하는 것으로, 사람이 거룩한 독서에 어떻게 기여하고 또 그로부터 나오는 유익을 어떻게 받을 것인지를 다룬다.

4장에서 8장까지는 렉시오 디비나의 다섯 가지 측면, 즉 읽기, 묵상하기, 기도하기, 관조하기, 인생의 시련 중에 행동하기 등을 살펴본다. 이 측면들이 반드시 순서대로 일어나는 것은 아니다. 우리가 성경을 통해 하나님과 친밀한 시간을 가질 때 '우리가 행하는 일'일 따름이다.

묵상 질문

1. 저자들은 1장을 갈증과 갈망에 관한 이야기로 시작한다. 당신이 과거에 느낀 갈증이나 갈망을 몇 가지만 이야기해보라. 당신은 그런 갈증에 어떻게 대처했는가?

2. 시편 1편을 큰 소리로 천천히 읽으라. 성경에 나오는 나무와 겨를 머릿속에 그려보라. 이 대목에 묘사된 두 가지 생활방식의 차이점은 무엇인가? 우리가 이 시편의 충고를 따른다면 어떤 모습으로 살아가게 될 것 같은가?

3. 저자들은 렉시오 디비나를 성실한 그리스도인들이 성경을 경건하게 읽을 때 거치는 자연스러운 과정으로 묘사한다. 그렇다면 그 행습을 흔히 볼 수 없는 이유는 무엇일까?

4. 저자들은 "많은 사람이 성경에 대하여 '접근-회피의 갈등'을 경험하게 된다"고 말한다. 사람들이 성경에 끌리는 동시에 성경으로 인해 염려하게 된다는 말이다. 이런 면에서 성경이 당신에게는 어떻게 다가왔는가? 당신은 성경에 끌리는 충동과 성경에서 멀어지고픈 충동을 어떻게 다루었는가?

5. 영적 형성을 위한 성경 읽기란 무엇인가? 이 방식이 단지 정보를 얻기 위한 읽기와 어떻게 다르다고 생각하는가? 사실은 영적 형성을 위한 읽기와 정보를 위한 읽기가 모두 필요하다. 당신은 어떻게 양자를 모두 실천할 수 있겠는가?

제안

당신이 좋아하는 성경 한 단락을 선택해서 일주일 동안 날마다 읽어보라. 천천히 반복해서 읽으라. 거기서 무언가를 끌어내려고 하지 말라. 한 주간 내내 그냥 그 말씀과 함께하라. 그리고 무슨 일이 일어나는지 보라.

렉시오 디비나
거룩한 독서의 모든 것

2.
성경,
하나님의
말씀

내 친구의 할아버지는 19세기 말 유럽에서 이민을 온 분이다. 그 분은 파산한 상태로 뉴욕에 도착하여 중서부에 사는 친척집으로 향했다. 약간의 돈으로 갈 수 있는 데까지 기차를 타고 이후에는 걷기로 작정했다. 때는 초봄이라 여기저기서 농장 일을 찾아 숙식을 해결할 수 있었다. 또한 일찍이 교회에서도 잠자리를 구할 수 있다는 것을 배웠다. 교회에 다니지는 않았지만 농장 헛간에서 자다 화난 농부의 거친 소리에 깨는 것보다 딱딱한 교회 의자에서 자는 게 더 나았다. 교회에는 성경이 비치되어 있어서 교회에서 잠을 청할 때면 그 책을 읽기 시작했다. 외국어라서 처음에는 무척 어려웠지만 호기심이 발동하고 영어를 배우고 싶은 마음도 생겨서 매일 밤 성경을 읽었다.

여름이 무르익으면서 그 분은 성경 읽기가 자신의 마음에 큰 영향을 미친 것을 알게 되었다. 그 분의 이야기에 따르면, 뉴욕을 떠날 때만 해도 종교에 관심이 없었는데 몇 달 동안 밤마다 성경을 읽었더니, 친척집에 도착할 즈음에는 헌신적인 그리스도인이 되어 있었다는 것이다. 성경 읽기를 통해 하나님이 그 분의 마음을 새롭게 하고 그 속에 새로운 미덕과 헌신을 심어준 것이다. "옛 생활은 지나가고 새 생활이 시작되었다!"(고후 5:17 NLT).

시편의 약속들을 생각해보라. 시편 1편에 나오는 물은 하나님의 율법이고 나무는 우리의 삶이다. 묵상은 물이 강에서 흘러나와 나무에 영양분을 공급하는 통로이다. 하나님의 말씀을 묵상하는 사람은 시냇물로 양육되는 나무와 같이 번창할 것이다. 시편 119편은 하나님의 계명이 우리를 우리의 선생들보다 더 지혜롭게 만든다고 한다. 시편 19편은 주님의 말씀이 우리의 영혼을 소생시키고, 우리의 삶을 안정시키고, 세상적인 생활방식을 벗어버리게 한다고 노래한다. 여호수아도 이런 시편들처럼 번창하는 것을 묵상과 연관시켰다. "이 율법책을 네 입에서 떠나지 말게 하며 주야로 그것을 묵상하여 그 안에 기록된 대로 다 지켜 행하라 그리하면 네 길이 평탄하게 될 것이며 네가 형통하리라"(수 1:8).

여기에 나온 약속들은 분명하다. 묵상은 성공적인 삶에 이르는 길이며 당신이 참으로 소원하는 삶에 이르는 길이다. '생명의 말씀'을 묵상하면 그에 따라 행하는 것은 자연스럽게 따라올 터이다. 당신은 신앙의 진리를 이해하고 또 전하고 싶은가? 성경 묵상은 지혜와 번영과 깨달음에 이르는 길이자 렉시오 디비나의 핵심 요소이다. 렉시오 디비나에서는 두 요소가 합쳐진다. 물과 나무, 성경과 영혼, 신적인 것과 인간적인 것이 하나가 된다는 말이다. 이번 장에서는 하나님의 말씀인 성경에 관해 다룰 것이다. 다음 장은 성경을 읽는 우리 자신에 초점을 맞출 예정이다.

우리의 경험과 성경 자체가 우리에게 가르쳐주는 바가 있다. 성경이 인생을 바꾸는 강력한 책이라는 것이다. 이토록 강한 힘을 지닌 성경은 그 때문에 크게 오용되어 엄청난 피해를 초래하기도 했다.

- 성경 구절들을 남자들이 아내와 자녀의 학대를 정당화하기 위해 인용해왔다.
- 성경의 가르침을 정치인들이 지구의 오염을 정당화하기 위해 왜곡해왔다.
- 성경의 이야기를 교회 지도자들이 다른 이들에 대한 증오를 정당화하기 위해 바꿔 들려주곤 했다.

성경의 신적 기원과 권위는 인정하되(이것은 옳다) 우리의 사적인 의제와 성경의 일부를 연관시키기(이것은 틀리다)는 쉽다. 바리새인들은 하나님의 능력과 성경의 권위를 주장하면서 특정 텍스트와 가르침을 아전인수격으로 활용하는 명수였다. 이런 경우, 종종 성경의 신적 특성은 강조하되 그 텍스트를 올바로 이해하는 데 필요한 인간적인 상황은 무시하기 일쑤다. 그래서 예수님이 그런 성경 오용에 대해 심한 말씀을 하신 것이다.

어떤 이들은 성경이 오랫동안 오용되어온 현상을 보고는 아예 성경의 신적 특성 자체를 부정한다. 그들은 성경을 유대-기독교인들의 발달 과정을 기록한 인간의 책으로 보고, 다른 여느 종교 역사와 다름없는 하나의 종교 이야기로 간주한다. 그들은 성경을 좋은 충고를 담은 책으로 볼지는 모르지만 신적 능력과 권위를 지닌 유일무이한 책으로 인정하지는 않는다.

유대 지방의 로마 총독이었던 본디오 빌라도가 하나의 본보기였다. 예수는 빌라도 앞에서 재판을 받을 때 그분이 진리를 증언한다고 주장하셨다. 그때 빌라도가 "진리가 무엇이냐?"고 물었다. 그는 예수의 절대주의를 이해하지 못했다. 그리고 결국에는 로마제국에 대한 도전이라는 죄목으로 예수에게 사형을 선고했다. 빌라도가 예수에게 접근한 방식은 오늘날 많은 사람이 성경에 접근하는 방식과 같다.

그렇다면 성경이란 무엇인가? 독자인 우리는 그런 텍스트에 어떻게 접근해야 할까? 이것은 사소한 문제가 아니다. 바로 이런 질문들이 이번 장에서 다뤄질 것이다. 먼저 성경을 묘사할 때 사용되는 몇 가지 개념을 살펴보는 것으로 시작할 예정이다. 이어서 성경을 '하나님의 연애편지'이자 하나님의 말씀을 담은 경전으로 보는 관념에 대해 성찰할 것이다. 아울러 성경의 인간적인 측면, 즉 인간과 하나님의 관계에 대한 기록에 대해 고찰할 예정이다. 끝으로, 성경의 기능 중 하나가 하나님과의 관계로 초대하는 것임을 보여줄 생각이다.

인간의 말에 담긴 하나님의 말씀

성경의 특성을 묘사할 때 흔히 사용되는 두 용어는 '계시'(revelation) 와 '영감'(inspiration)이다. 성경은 하나님에게서 온 계시이다. 마치 우리가 우리의 자서전을 써서 당신에게 우리 자신을 알리기로 정하는 것처럼, 하나님은 이 책을 통해 그분 자신을 우리에게 계시하기로 정하셨다는 뜻이다. 창조 질서는 창조주를 일반적으로 나타내는 데 비해, 성경은 하나님의 삶과 뜻을 한층 더 구체적으로, 언어로 나타낸다. 성경은 하나님의 '말씀'이다.

성경은 하나님의 언어적 계시이기 때문에 (우리의 자서전과는 달리) 매우 특별한 책이다. 수도사이자 저자였던 토머스 머튼(1915-1968)은 이렇게 썼다. "성경은 당신에게 교훈을 주고, 먼 과거에 대해 알려주고, 어떤 윤리적 원칙들을 가르치거나, 우주 안에서의 당신의 위치를 설명하고 인생의 의미 부여에 필요한 만족스러운 가설을 제공한다고 주장하는 데 그치지 않는다. 성경은 그보다 더 큰 주장을 편다. 성경은 스스로 하나님의 말씀이라고 주장한다."[1] 우주의 창조주요 구속자이신 분이 이 책을 통해 우리에게 말씀하신다. 그래서 성경이 말하는 내용에 큰 무게가 있는 것이다.

성경은 또 다른 의미에서 자서전과는 다른 종류의 계시이다. 우리는 자리에 앉아 우리 이야기를 쓸 테지만 하나님은 이런 식으로 성경을 저술하시지 않았다. 다양한 사람들이 오랜 기간에 걸쳐 성경을 썼다. 그런데도 우리는 그것을 **하나님의 말씀**으로 부른다.[2] "주의 말씀은 내 발에 등이요 내 길에 빛이니이다"(시 119:105). 그러면 성경은 누구의 말인가? 하나님의 말씀인가, 사람들의 말인가? 여기서 영감을 거론할 필요가 있다. 영감은 "오직 성령의 감동하심을 받은 사람들이 하나님께 받아 말한"(벧후 1:21) 과정을 거친 것이다.

이에 관해 생각해보라. 우리는 비서에게 무엇을 말할지 한 단어씩 일러줄 수 있다. 비서는 그 내용을 타이핑할 수 있다. 비서가 우리의 '말'을 쓰고 있는 셈이다. 이것을 받아쓰기라고 부른다. 성경의 적은 부분만 저자들이 하나님께 받아 쓴 것으로 보인다(하나님이 손가락으로 돌판에 기록하신 십계명 같은 것). 우리는 전문 작가를 고용해서 내용의 본질에 관한 지침을 주되 완성작에 그 저자의 개성과 배경이 반영되도록 허용하면서 우리의 글을 쓰게 할 수 있다. 이것이 우리가 영감이라 부르는 것에 더 가까운 편이다.

그러나 성경의 영감은 하나님의 표현으로서, 성경의 계시가 하나님의 말씀으로서 특별한 것과 마찬가지로 특별하다. 하나님의 영은 신적 존재로서 이 영감의 과정을 감독하여, 성경의 말과 표현이 다양한 저자들의 진정한 말이 되는 동시에 하나님이 말씀하시고자 하는 내용이 되도록 한다. 우리는 사람들의 말을 통하여 하나님의 음성을 듣게 된다. 그리고 이것은 하나님의 말씀이기 때문에 우리는 대단히 신중하게 이 사람의 말에 귀를 기울여야 한다.

스코틀랜드의 수학자이자 경제학자요 교회 지도자였던 토머스 차머스(1780-1847)는 이렇게 말했다. "신약성경이 하나님에게서 온 메시지라면, 그것이 우리 앞에 놓은 모든 의무와 모든 정보에 우리의 마음을 완전히, 그리고 무조건 헌신해야 한다."[3] 성경은 인간의 말을 통해 우리에게 주어진 하나님의 계시이기 때문이다. 우리는 하나님의 말씀에 마음 문을 여는 자세로 성경을 펼쳐야 한다. 하나님이 이 책을 통해 우리에게 주시는 것은 사랑의 메시지다.

하나님의 연애편지

마치 예술가가 예술 작품을 통해 자신의 내면을 표현하듯이, 하나님은 자연을 통해 그분의 어떤 면을 나타내신다. 마치 내가 직접 개개인을 방문해서 내 성품을 나타내듯이, 예수께서는 우리에게 하나님의 성품을 나타내신다. 그리고 편지가 보내는 사람의 마음을 나타내는 것처럼, 성경은 하나님의 마음을 들여다보는 창문이다. 그래서 성경은 때때로 하나님이 보내신 "연애편지"로 불린다. 덴마크의 철학자인 키에르케고르(1813-1855)는 하나님이 그분을 나타내신 성경에 대해 이렇게 말했다. "무한한 사랑이신 그분이 한 사람과 관계 맺는 것을 너무도 원하셔서 우리에게 그분의 말씀으로 연애편지를 쓰셨고, 우리에게 프로포즈를 하시며 '오라, 오라'고 말씀하셨다."⁴⁾ 성경을 하나의 연애편지로 생각하는 것, 하나님이 친히 내게 쓰신 사랑에의 초대장으로 상상하는 것, 이 얼마나 가슴 벅찬 발상인가!

하지만 성경이 항상 연애편지처럼 읽히는 것은 아니다. 열왕기를 펼치면 온갖 음모와 학살이 가득한 이야기들이 눈에 들어온다. 시편을 펼쳐들면 "여호와여, 어느 때까지니이까? 나를 영원히 잊으시나이까?"하고 울부짖는 소리를 듣는다. 복음서를 열면 예수께서 종교지도자들을 향해 "독사의 자식"(마 12:34)이라고 부르는 소리가 귓전을 때린다. 성경이 언제나 사랑의 목소리로 들리는 것은 아니다. 아울러 항상 나에게 쓴 것처럼 보이지도 않는다. 이삭줍기에 관한 민수기의 명령들은 현대 도시생활과는 무관한 것처럼 보인다. 바울의 편지들은 나같은 평범한 사람이 아닌 여러 교회와 목사들에게 쓴 것이었다. 뿐만 아니라, 모든 시대를 통틀어 지구상의 개개인이 성경을 지극히 개인적인 연애편지로 읽는다는 생각은 별로 가슴에 와닿지 않는다.

내가 한 개인만이 아니라 당신까지 포함한 한 그룹에 연애편지를 쓰고 싶었다고 가정해보자. 나는 내가 그동안 여러분을 어떻게 경험했는지를 이야기하며 여러분 모두와, 또 한 명 한 명과 가까이 있기를 간절히 바란다고 말할 것이다. 또한 여러분이 나를 기쁘게 하는 방식으로 살기를 소원한다고 말할 것이다. 당신은 그 편지를 어떻게 읽겠는가? 각 진술이 모두 당신에게 개인적으로 하는 말이라고는 생각하지 않을 것이다. 그 그룹의 구성원들이 제각기 다른 상황에 처해 있기에, 이 편지가 수신자들의 폭넓은 처지를 반영하고 있음을 당신도 알아차릴 것이다.

그러나 동시에, 이 편지는 당신에게 쓴 것이란 사실을 의심하지 않을 것이다. 그 편지는 그룹 전체에 쓴 편지인 동시에, 어느 정도 당신에게 개인적으로 쓴 편지라는 사실을 말이다. 당신은 그 그룹(과 당신)에게 쓴 부드러운 어구들을 좋아할 것이다. 특히 당신을 직접 언급하는 부분에서 주의를 기울일 것이다. 훗날 그 편지를 다시 읽게 된다면, 본래는 다른 사람을 겨냥했던 어구가 지금은 당신에게 적실하다고 느낄 수도 있다. 그리고 그 편지는 당신이 사랑하는 분이 당신에게 관심을 표현한 것인 만큼 당신의 마음속에 잘 간직될 것이다.

그런데 만일 내가, 당신과 당신이 포함된 그룹에 사랑의 편지를 보냈는데 이 그룹이 편지의 몇 문장만 읽는 바람에 내 사랑을 제대로 이해하지 못할 것 같다면 내가 어떻게 해야겠는가? 내 사랑을 나타내는 최선의 방법은 내가 그 그룹의 삶에 직접 개입했던 어떤 이야기를 들려주는 것이 아닐까? 그런데 이 이야기가 장기간에 걸친 그 그룹의 삶에 관해 말하는 것이고, 그 중 상당 기간은 당신이 아예 현존하지 않았던 때라면 어떻겠는가? 그리고 이 이야기에 폭력과 혼동의 일화들이 들어 있다면? 이런 형식이라면 그것은 편지처럼 보이지 않을 수도 있다.

몇 문장 때문에 헷갈릴 수 있지만 당신은 여전히 그 편지의 취지는 이해할 것이다. 당신은 스스로 그 그룹의 일부라고 생각하면서, 당신이 현존하지 않았던 기간에 대한 이야기에서도 그 그룹에 쓴 사랑의 표현들로 인해 감동을 받을 것이다. 먼 과거 어느 시점에 표출되었던 소원들이 지금 여기서 당신에게 특히 적실하다는 것도 알아차릴 것이다. 그 진술들이 당신이 사랑하는 분의 성품을 나타내기 때문에 지금 당신의 삶에 적용하고 싶을 것이다. 이것은 적절한 반응이다. 내 의도가 바로 당신이 스스로를 이 그룹의 일원으로 보게하는 것이기 때문이다. 그리하여 이 이야기를 통하여, 그것이 편지처럼 보이지 않을 때라도 당신은 그것을 통해 표현되는 사랑의 의사소통을 이해하게 되리라.

아울러 이렇게 생각해보라. 이 사랑의 이야기가 너무도 긴 기간을 망라하고 있어서 그 사랑을 경험했던 사람들의 입을 통해 전달되는 것이 최선이었다면? 아니, 정말로 천년이란 기나긴 세월에 걸친 이야기였다면? 그리고 (당신이 포함된) 이 그룹을 향한 내 사랑을 입증했던 또 다른 문헌에서 끌어온 예화들과 함께 이야기하는 것이 최선이었다면? 그렇다면 나의 '연애편지'는 이야기와 시, 법적인 문서, 예언자의 선포, 온갖 종류의 단편 등을 묶어 놓은 모음집처럼 보일 것이다.

한편, 내가 그 그룹과 만난 이야기를 담은 다양한 글들은 나의 사랑을 증언한다. 그 글들은 어느 시점에 그 그룹에 대한 내 사랑을 나타냈던 방식에 관해 이야기할 것이다. 하지만 이 다양한 글들을 묶어 단일한 모음집으로 만드는 일에 내가 실제로 개입하는 한(영감), 그 결과는 내 계시에 대한 증언을 묶은 모음집에 불과하지 않고 **계시 그 자체**, 곧 이 그룹을 향한 내 사랑의 의도적인 표현일 것이다.

당신도 다시금 이해할 것이다. 물론 이 법적 진술을 시적인 어구와 조화시키는 일이 어려울 수도 있지만 이 문헌을 올바른 마음가짐으로 읽게 될 것이다. 한 연인이 사랑하는 사람을 향해 사랑을 표현한 이 문헌을 장엄하고 방대한(비록 복잡하지만), 서로 연결된 사랑의 편지로 읽는 법을 배우게 될 것이다. 지금쯤 그런 연애편지에 담긴 풍부한 내용을 파악하려면 한 평생(또는 그 이상)이 걸린다는 점을 알아차렸을 것이다.

끝으로, 당신이 이 긴 편지를 읽을 때 내가 당신 곁을 지나가게 되었다면 어떻게 되었을까? 이런저런 어구의 뜻에 관해 내가 여기저기서 힌트를 주었다면? 이 어구 또는 저 어구가 당신에게 어떤 의미를 지닐 수 있는지를 살짝 알려주었다면? 당신이 언젠지는 모르지만 내가 이렇게 "곁을 지나가는" 일이 일어날 것을 알았고 또 기대했다면, 당신은 이 편지를 어떻게 읽겠는가? 이런 식으로 읽는 것은 약간의 흥분이나 두려움을 일으킬 수 있지만, 저자의 자문을 받을 수 있다면 당신에게 자신감을 더해줄 수도 있다.

우리는 기독교의 성경을 이렇게 이해해야 바람직하다. 성경은 살아 있는 한 인격(하나님은 인격적인 존재다)이 다른 인격에게 의도적으로 소통한 내용을 담은 문헌이다. 바울은 "모든 성경은 하나님의 감동으로 된 것"(딤후 3:16)이라고 선언했다. '감동으로 되었다'(또는 영감을 받았다)는 말은 문자적으로 "하나님이 숨을 불어넣었다"란 뜻이다. 창세기 2장에서 하나님이 성령을 통해 인간에게 숨을 불어넣으셨던 것처럼, 하나님이 성령으로 성경을 통해 인간에게 그 자신을 불어넣으신 것이다. 그래서 그리스도인은 성경을 살아 있는 책으로 본다. "하나님의 말씀은 살아 있고 활력이 있어 좌우에 날선 어떤 검보다도 예리하여 혼과 영과 및 관절과 골수를 찔러 쪼개기까지 하며 또 마음의 생각과 뜻을 판단"(히 4:12)한다. 내러티브와 시, 편지 등으로 구성된 이 모음집은 하나님의 사랑을 의도적으로 표현하는 책이요, 사랑의 관계를 맺자는 그분의 초대장이다. 물론 그중에는 헷갈리는 부분도 있고 거슬리는(달콤하고도 쓴) 내용도 있다. 때로는 사랑의 말을 찾기가 어려울 수도 있다. 베드로조차 바울의 글과 관련해서 이렇게 표명했을 정도다. "또 그 모든 편지에도 이런 일에 관하여 말하였으되 그 중에 알기 어려운 것이 더러 있으니"(벧후 3:16).

이 책의 모호한 부분에 담겨 있는 내용을 탐구하는 것은 지혜롭지만 (연인이 상대방의 글에 담긴 마음을 읽으려고 노력하듯이) 우리는 복잡한 내용을 마주하더라도 믿음을 잃지 않는다. 오히려 저자에게 귀를 기울이며 텍스트를 읽는다. 하나님이 그 텍스트에 나타나 있을 뿐더러 그분의 영이 속삭이는 목소리로 우리에게 그리스도의 마음을 상기해 주기 때문이다(요 14:26). 신학자들은 이 속삭임을 "조명"(illumination)이라고 부르는데, 이에 대해서는 앞으로 더 살펴볼 예정이다.

성경, 하나님의 말씀

사랑의 하나님은 그분 자신을 계시하기로 정하셨다. 하나님은 자존하는 분이시라 우리의 선물과 섬김을 받으실 필요가 없다. 하나님은 "무엇이 부족한 것처럼 사람의 손으로 섬김을 받으시는 것이 아니니 이는 만민에게 생명과 호흡과 만물을 친히 주시는 이심이라" (행 17:25). 그분은 우리와 관계를 맺고 싶어서 우리에게 말씀하시기로 한 것이다. 우리와 친구가 되고 싶어 하신다는 말이다.

우리는 자신의 어떤 면을 나타내는 사람을 '열린' 사람이라고 부른다. '열린'이란 단어가 이른바 계시의 중요한 차원을 잘 포착한다.

계시(revelation)는 '밝히다'의 뜻을 지닌 라틴어 단어 "revelatio"에서 유래했다. 감춰진 어떤 것이 우리가 볼 수 있도록 열리거나 밝혀진 것이다. 우리가 관찰하는 것으로는 하나님을 직접 알 수 없다. 그분이 먼저 움직이셔야 한다. 그리고 그분이 바로 그렇게 하셨다.

하나님이 취한 가장 극적인 계시의 행동은 그분의 아들, 곧 육신이 된 그 말씀(the Word)의 계시다. "이 모든 날 마지막에는 아들을 통하여 우리에게 말씀하셨으니"(히 1:2). 이 사건을 통해 하나님이 오셔서 우리 가운데 천막을 치셨다. 이것이 "우리 가운데 거하시매 (요 1:14)라는 말의 문자적인 뜻이다. 그분이 아들의 삶을 통해 그분 자신의 성품과 가치관을 보여주셨기 때문에 예수께서 "나를 본 자는 아버지를 보았거늘"(요 14:9)이라고 말씀하실 수 있었던 것이다. 육신이 된 하나님을 통해 하나님이 완전히 드러난 셈이다. 그런데 우리처럼 예수의 생애가 있은 지 2000년이나 흐른 뒤에 사는 사람들은 어떤가? 우리는 어떻게 이 계시를 받는가? 바로 성경을 통해서다. 성경은 예수께서 말씀하고 행하신 것을 보도할 뿐 아니라 그리스도께서 왜, 그리고 어떻게 우리 가운데 살게 되었는지를 이야기한다.

우리가 손으로 집는 성경은 이중적인 저자가 쓴 독특한 책이다. 이 책은 100퍼센트 하나님의 말씀이자 100퍼센트 인간 저자들의 말이다. 존 스토트의 말처럼 이 책은 "인간의 말을 통한 하나님의 말쏨"이다.[5] 성경의 텍스트가 스스로를 하나님의 말씀인 동시에 "하나님이 영원 전부터 거룩한 선지자들의 입을 통하여 말씀하신"(행 3:21) 인간 저자들을 지닌 책이라고 말한다. 이 비범한 책이 처음 집필되었을 때는 상당히 평범하게 보였을 것이다. "이에 예레미야가 네리야의 아들 바룩을 부르매 바룩이 예레미야가 불러 주는 대로 여호와께서 그에게 이르신 모든 말씀을 두루마리 책에 기록하니라"(렘 36:4).

우리는 어떤 책을 읽기 시작할 때 미리 어떻게 접근할 것인지를 생각한다. 사전을 집을 때와 좋아하는 소설가의 작품을 집을 때의 의도가 다르다. 이 점은 우리가 거룩한 성경에 접근할 때에도 그대로 적용된다. 우리가 여느 책에 접근하는 것과는 다른 태도로 성경에 다가간다면, 우리는 더 나은 독자요 순종하는 자라고 할 수 있다. 하지만 성경에는 문학적인 기교가 뛰어난 인간 저자들도 있는 만큼 우리는 각 유형에 알맞은 문학적 관습이나 '규칙'에 주목하면서 인간의 문학적 측면에서 읽는 것도 필요하다. 그리고 구체적인 상황을 다루는 부분이 상당히 많기 때문에 그 이야기들에서 벌어지는 사건을 잘 파악하는 일이 반드시 요구된다. 아울러 위대한 사상이 가득한 책이므로 거기에 나오는 복잡하고 풍부한 사상을 충분히 이해하면서 읽어야 한다.

그러나 이것만으로는 충분하지 않다. 성경은 우리가 하나님에 관한 글을 읽는 현장에 불과하지 않다. 성경은 "살아 있으며 활동적이다." 우리가 하나님께 무언가를 받는 곳이다. 어떤 사람은 성경 읽기에서 "복을 받는다"고 말하는데, 참으로 지당한 말이다. 우리가 하나님의 말씀을 읽을 때 하나님이 우리를 향해 움직이신다. 이것이 성경 읽기가 다른 책을 읽는 것과 다른 점이다.

성경을 읽으면 교훈과 도덕적 가르침, 심상과 역사를 접하게 된다. 이 다양한 글들을 통해 우리는 인간사에 개입하시는 하나님에 대해 배운다. 심지어는 하나님이 우리와 관계를 맺으시는 모습까지 발견할 수 있다. 우리는 하나님의 축복에 관해 읽을 뿐 아니라 복을 받기도 한다. 하나님 아버지께서 예수에게 "내가 사랑하는 자"라고 말씀하시는 것을 엿들을 뿐만 아니라 우리에게도 하시는 그 말씀을 듣게 된다.

인간과 하나님의 관계를 기록한 책

우리가 성경을 연애편지로 생각할 때는 그 텍스트를 발신자인 하나님의 관점에서 보게 된다. 이 관점에서 보면, 하늘에 계신 전능하신 연인이 인간 역사로부터 그분의 사랑을 전달하기에 충분한 글을 모으고, 그 글들을 통해 우리의 반응을 권유하신다. 물론 성경을 보는 다른 방식들도 있다. 그 다양한 책들을 쓴 인간 저자들의 관점에서 보면 어떻게 될까?

한 가지 방식은 성경 텍스트를 인간과 하나님의 관계를 기록한 글로 보는 것이다. 로마서를 생각해보라. 거기에 무엇이 담겨 있는가? 로마서는 바울이 로마에 있는 교회에 보낸 편지에 불과하다. 그런데 바울은 누구였는가? 로마 교회는 누구였던가? 그리고 바울의 편지는 그 자신과 그 교회의 관계에 대해 어떻게 말하는가? 우리가 이런 질문을 하는 이유가 있다. 그것은 **역사상 그 시점에서 그 사도가 그 교회에 보낸 이 편지**가 하늘에 계신 전능한 연인이 계시의 통로로 선택하신 것이기 때문이다. 바울은 자기를 이렇게 소개한다. "나는 팔일 만에 할례를 받고 이스라엘 족속이요 베냐민 지파요 히브리인 중의 히브리인이요…율법의 의로는 흠이 없는 자라"(빌 3:5-6). 그러나 부활하신 그리스도를 만난 사건이 그를 영원히 바꿔놓았다. 바울은 자신이 하나님의 용납을 받은 것이 그의 흠 없는 행위에 달려 있지 않았다는 사실을 깨달았다. 그래서 하나님이 유대인뿐 아니라 이방인까지도 환영하신다는 메시지를 선포했고, 그 메시지를 영접한 그룹을 서로를 지지하는 공동체로 세웠다. 하지만 로마에 있던 공동체는 바울이 세운 교회가 아니었다. 사실 로마의 교회는 그가 방문하고 싶었으나 여태껏 방문한 적이 없는 곳이었다. 그 공동체 내의 유대인들과 비유대인들 사이에는 약간의 긴장이 있었다.

그러면 여기서 무슨 일이 일어나고 있는가? 어떤 이들은 로마서를 바울의 '조직신학'으로 보지만, 당시 상황을 감안하면 그 이상의 요소들이 있는 게 분명하다. 바울은 그 교회 내의 분열을 치유하고자 하는 소원이 있었다. 바울 자신의 메시지를 분명히 밝혀서 타인의 견해에 의해 오해받는 일을 막고 싶은 마음도 있었다. 로마인은 물론 그 너머에까지 복음을 전파하고픈 바람도 있다. 이런 요소들과 그 이상의 것이 로마인에게 보낸 그의 편지 속에 들어 있다. 바울 자신과 하나님의 관계가 지닌 깊이와 뉘앙스가, 그리고 로마와 일반적인 교회에 대한 그의 바람이 그 속에 반영되어 있다. 우리가 어떤 글을 제대로 이해하려면 그 글에 나오는 구체적인 대상과 상황을 참고해야 하듯이, 로마서를 제대로 이해하려면 거기에 나오는 단어와 역사적인 맥락을 고려해야 한다.

우리는 성경 역사를 연구함으로써 성경의 인물들에 공감하고 또 그들과의 연관성을 느낄 수 있다. 그럴 경우에는 그 이야기가 더 흥미롭게, 더 개인적으로 다가온다. 모든 사실과 연대, 고고학적인 묘사 등이 옛이야기를 우리의 이야기로 만드는 데 일조한다.

구약 시대에 라기스는 예루살렘을 방어하는 중요한 전초기지 역할을 했다. 이 기지가 해변에서 직접 올라오는 지름길을 봉쇄했기 때문이다. 히스기야가 통치하던 시기에 앗수르 왕 산헤립이 예루살렘을 포위하고 라기스를 점령했다(주전 701년, 대하 32:9, 사 36:2). 고고학의 발견에 따르면 매우 처참한 전투였다고 한다. 앗수르 인들은 성벽 높이까지 돌과 흙을 쌓고 망치와 불로 성문을 공격했다. 온 도시가 짙은 연기에 휩싸였는데, 훗날 그 근처의 한 굴에서 1,500개의 해골이, 그리고 그 경사로와 성벽 꼭대기에서 수백 개의 화살촉이 발굴되었다.

내가 그 폐허에 서서 그 멸망의 증거를 쳐다보며 도기 조각에 기록된 글을 통해 그 인간 드라마를 목격했을 때, 그들이 나와 같은 사람들이었다는 사실을 문득 깨닫게 되었다. 그들에게도 가족과 희망과 꿈이 있었다. 그들은 그저 그 옛날 먼 땅에 살던 주민이 아니다. 그 도시의 멸망에 관해 배우고 눈물을 글썽이며 그 일에 대해 곰곰이 생각한 뒤에 나는 그들이 내 사람들이란 것을 깨닫기에 이르렀다. 이 믿음의 사람들은 그저 고대인에 불과하지 않고 나와 같은 신앙과 인간성을 지녔던 사람들이다. 그 도시를 몰락시킨 압도적인 적의 공격을 기다리는 게 얼마나 무서운지 알았던 사람들이다. 그리고 그 도시는 영원히 재건되지 않았다.

바울의 글 중 일부는 이해하기가 어렵다. 어떤 진술들은 문젯거리다. 그렇지만 바울을 이해하고 싶은 바람을 포기하는 것은 어리석은 태도이다. 이는 뛰어난 저자 모두에게 적용된다. 우리는 절망하며 포기하는 대신 이 편지에 표현된 바울과 하나님의 관계를 포착하기 위해 신중하게 읽어야 한다. 그 텍스트에 나온 단어 하나하나에 대해 깊이 생각하고, 그 텍스트의 개요를 만들어보기도 한다. 이 책을 더 주의 깊게 연구한 다른 사람들의 글도 참고한다. 가장 어려운 요소는 훗날을 위해 남겨둔다. 그리고 우리의 영으로 경청한다. 이 기록은 하나님이 우리를 사랑의 관계로 초대하기 위해 선택하신 수단이기 때문이다.

하나님과의 관계로 초대하는 초대장

그런데 더 말할 것이 있다. 바울은 그 편지를 로마에 보내면서 그 편지가 무언가를 해주기를 기대했다. 아마 많은 역할을 해주길 바랐을 것이다. 성경이 기록된 목적과 의도는 우리 인간과 하나님의 관계를 위한 것이라 해도 과언이 아닐 것이다. 바울이 기대했던 대로 로마서를 이해하는 것은 곧 거기서 격려하는 일반적인 인간 변화, 즉 생각과 감정과 행동에서의 변화를 파악하는 것이라고 생각해보

라. 아울러 요한계시록은 우리를 하늘을 상상하는 일에 몰입시키고 그에 따라 우리의 삶을 조정하는 것을 목표로 삼는다고 생각해보라. 선지자들의 비난은 우리에게 정죄받은 느낌을 안겨주어 우리를 진지한 회개로 이끌기 위한 것이다.

알브레히트 벵겔(Albrecht Bengel, 1687-1752)은 과학적 성경 연구의 선구자로, 텍스트에 담긴 교리와 감정과 성격의 놀라운 합성에 대해 이렇게 말했다. "보통은 우리가 글의 흐름보다 마음의 지각으로 거기에[성경의 이해에] 도달하는 편이 더 쉽다."[6] 그런즉 성경은 단지 (인간 저자들의 관점에서 보면) 영성에 관한 작품, 하나님과의 관계에 대한 옛 기록에 불과한 것이 아니다. 성경은 또한 (인간의 문헌으로서) 소원과 희망과 그 이상의 것을 전달하기도 한다. 독자에게 하나님과의 관계에 대해 깊이 생각하고 느끼고 행하도록 촉구하는, 영성에의 초대이다.

기독교의 성경은 인간들이 살아 계신 하나님과 만난 것을 기록한 책이다. 동시에 이 텍스트들은 하나님이 그분의 사랑을 전달하는 통로로 삼으려고 묶으신 것이다. 또한 독자의 영적 성장을 도모하려고 쓰인, 하나님과의 관계로 초대하는 초대장이다. 우리의 갈망, 거룩한 경전, 새로운 삶, 이것이 하나의 공식이다. 우리는 생명수와 진리, 변화에 목마르다. 그래서 성경 텍스트에 몰입한다. 즉, 그 텍스트를 읽고 묵상하고 기도하고 관조하고 행한다. 이 행습의 결과로 우리 자신과 타인을 위해 하나님께 생명을 받는다. 우리의 욕구가 개조되어 채워진다. 우리의 지성이 밝아져서 노인들보다 더 지혜로워진다. 우리의 삶은 갈수록 더 우리 창조주의 가치관을 반영한다.

우리는 텍스트의 세부 사항에 주목하고 텍스트의 정신(영)에 마음 문을 열어 시냇가에 더 깊이 뿌리를 내리기 시작한다. 그렇게 하려면 우리의 뿌리와 우리 자신에게 주목해야 한다. 그래서 다음 장에서는 성경을 읽는 우리 자신에 대해 생각해보려고 한다.

묵상 질문

1. 당신은 지금까지 성경을 어떻게 사용했는가? 좋은 용도로 사용한 적과 나쁜 용도로 사용한 경험을 모두 이야기해보라.

2. 당신이 암송하겠다고 다짐했던 성경 구절들이나 단락들을 몇 가지 들어보라. 성경 암송이 당신에게 어떤 영향을 주었는가?

3. 저자들은 성경을 하나님의 자기 계시로 묘사하기 위해 연애편지를 예로 든다. 당신은 연애편지를 받은 적이 있는가? 연애편지를 읽을 때 어떤 느낌이 드는가? 성경을 연애편지로 읽는다면 어떤 느낌이 들겠는가?

렉시오 디비나
거룩한 독서의 모든 것

4. 우리는 성경이 인간의 말을 통해 하나님이 말씀하신 책이라고 말했다. 당신은 성경에서 인간적인 면과 신적인 면을 분간하려고 씨름했던 적이 있는가? 이 문제를 당신은 어떻게 다루는가?

5. 성경의 어느 단락을 읽다가 하나님이 당신과 관계를 맺자고 초대하신다는 느낌을 받은 적이 있는가? 당신이 개인적으로 (또는 공동체에서) 성경을 읽을 때마다 그렇게 느끼려면 무엇이 필요할 것 같은가?

제안

성경에서 작은 책이나 몇 장을 선택한 뒤에 주석 성경이나 강해 등을 참고하여 본문의 역사적·사회적 배경을 살펴보라. 이제 본문을 읽으면서 당신이 원 저자의 머릿속에 있다고 상상해보라. 그가 이 글을 썼을 때 무슨 생각을 하고 있었을까? 이 단계를 마친 뒤에 동일한 본문을 놓고 또 다른 저자인 하나님에 대해 생각해보라. 이 관점에서 그 본문을 다시 읽을 때 무슨 메시지를 듣게 되는가?

3.
성경을 읽는
우리는
누구인가?

기독교 역사를 통틀어 가장 자주 거론된 신앙적 주제 중 하나는 그리스도의 죽음이다. 그날에 일어난 사건은 사복음서에서 성경에 나오는 다른 어느 날보다 많이 다뤄지고 있다. 수많은 사람이 십자가 앞에 무릎을 꿇거나 복음서를 손에 들고 앉아 그 이야기를 거듭해서 되풀이해왔다. 우리는 스스로 십자가 앞에 나가고, 우리가 묵상하는 동안 부활하신 주님의 영이 우리에게 다가오신다.

수년 전에 한 여성이 영성 수련회에 참여했다. 그 프로그램에는 예수의 죽음에 대해 묵상하는 시간이 있었다. 성경 본문을 읽으면서 상상력을 발휘하여 그 현장에 들어가는 것이다. 그 여성은 당시의 경험을 이렇게 묘사했다.

우리는 예수가 죽는 그 현장에 직접 현존하게끔 되어 있었다.…그 죽음에 참여하라는 뜻이었다. 거기에 참여했던 사람으로서 느낀 것이 있다. 당신은 누구였고, 어떻게 느꼈으며, 어떻게 반응했는가? 내가 정말로 느낀 것은 예수께서 그 십자가 위에서 느꼈던 고통과 고난이다. 마치 내가 평생 경험했던 모든 고통과 고난이 한꺼번에 몰려오는 것 같은 느낌이었다. 나는 어찌 할 바를 몰랐다. 그 제단 근처에 앉아 있노라니 눈물이 흐르기 시작했고 나도 모르게 "이 느낌, 나는 이 느낌이 싫어"라고 말하고 있었다.…내가 느꼈던 예수의 모든 고통과 고난은 마치 내 평생에 겪은 고통과 고난과 같았다. 하지만 우리 모두를 위해, 우리 모두가 겪는 고통을 위해, 우리가 상상할 수 있는 모든 고난을 위해 예수께서 그 십자가에 달려 돌아가셨다는 것을 알고 있다. 나는 그렇게 할 수 없을 것이다.…그러나 당신도 짐작하겠지만 당시에 나는 감동을 받았고, 그 이후 그분이 모든 고난을 통해 나를 감동시켜왔다. 왜냐하면 내가 더는 "나는 왜 그토록 심한 고난을 받고 있는가?"라고 묻지 않게 만드셨기 때문이다. 나는 그저 예수님에게 이미 이를 위해 고난을 받으셨으니 그냥 지금의 내게 오셔서 나와 함께 있어 달라고 부탁할 뿐이다.[11]

렉시오 디비나에 관해 생각해보면, 그것을 다음 세 가지 요소의 만남, 즉 그리스도인 독자와 영감받은 성경 텍스트, 성령의 만남으로 여기는 것이 최선인 듯하다. 앞장에서 우리는 성경이 철두철미한 인간의 말(따라서 인간 저자들의 표현으로 읽어야 한다)인 동시에 하나님의 말씀이란 것을 살펴보았다. 이제는 그 텍스트와 상호작용을 하는 그리스도인에 대해 탐구할 생각이다.

렉시오 디비나를 실행하려면 인간 경험의 특성과 거룩한 독서와 관련된 몇 가지 기술에 대해 알아야 한다. 하지만 인간적 차원을 논하더라도 하나님에 관해 말하는 것을 피할 수는 없다. 성경 텍스트에 영감을 불어넣은 성령이 그리스도인 독자 속에도 살고 있기 때문이다. 그리고 살아계신 성령의 현존은 중요한 영향을 미친다.

우리는 홀로 있지 않다

렉시오 디비나의 인간적 차원에 대해 맨 먼저 알아야 할 사항은 성경 텍스트를 읽는 우리가 홀로 있는 게 아니라는 점이다. 우리가 하나님의 연애편지를 읽을 때 곁에서 속삭이는 분이 계시다. 성경 읽기는 단순히 책 한 권을 해석하는 문제가 아니다. 오히려 우리 자신과 그리스도의 영이 책에 관여하는 행동을 통해 서로 만나는 사건이다. 따라서 독자의 입장인 우리 자신에 대해 배우려면 먼저 성령에 관해 조금 배울 필요가 있다.

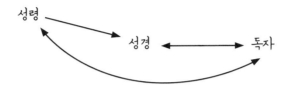

  성령은 삼위일체 하나님의 세 번째 위격이다. 성령은 인격인 만큼 지성(롬 8:27)과 감정(엡 4:30)을 가진 분으로 묘사되어 있다. 하나님의 영은 또한 힘이나 바람으로 묘사되기도 한다(히브리어와 그리스어에서 "영"이란 용어는 바람이나 숨으로도 번역될 수 있다). 성경은 기독교로 진입하는 것을 "성령을 받는 것" 또는 성령으로 "태어나는" 것이라고 말함으로써 우리가 성령의 영향을 받는 것을 신앙생활의 특징으로 묘사하고 있다. 하나님의 영은 신적인 힘으로, 인간의 삶에 깊이 개입한다. 성령은 특히 우리에게 하나님의 마음과 생각을 전달하는 일과 관련이 있다.

  우리는 니케아 신조에 따라 "선지자들을 통해 말씀하신" 성령을 믿는다고 고백한다. 사도행전 13장 1-2절도 선지자들과 교회 지도자들이 모인 자리에서 "성령이" 선교를 위해 바나바와 바울을 따로

렉시오 디비나
거룩한 독서의 모든 것

세우라고 말씀하셨다("이르시되")고 한다. 그리고 요한복음 16장 14절을 보면 예수께서 진리의 영이 오시면 "내 것을 가지고 너희에게 알리시겠음이라"고 말씀하시는 장면이 나온다. 성령은 선지자들을 통해 말씀하셨고 지금도 성경을 비롯한 다양한 방식으로 그리스도인과 직접 말씀하신다.

성령은 생각과 느낌을 자극하는 방법을 사용하시기도 한다. 다음과 같은 경우들을 생각해보라.

- "우리에게 주신 성령으로 말미암아 하나님의 사랑이 우리 마음에 부은 바 됨이니"(롬 5:5).
- "오직 성령이 말할 수 없는 탄식으로 우리를 위하여 친히 간구하시느니라"(롬 8:26).
- 우리 마음속의 부르짖음은 성령의 생각을 반영하고 표현한다(롬 8:15, 갈 4:6).
- 성령은 우리의 지성에 진리를 해석해주고(고전 2:11-13) 어떤 이들에게는 특별한 지시를 한다(행 8:29).
- 주님의 영은 우리의 꿈과 환상을 통해 말하고(행 10:19) 그리스도의 몸을 통해서도 말한다(고전 12:7-11).
- 성령은 하나님의 백성을 충만케 하고 인도하고 세례를 주고 거

록하게 하는 등 하나님을 가까이 하도록 강력한 영향을 미친다.

각각의 경우에 성령이 우리의 생각과 느낌에 말씀하시는 것을 볼 수 있다. 이는 우리가 성경을 읽을 때 생기는 우리의 생각과 느낌에 주목함으로써 성령과 관계하는 법을 배운다는 것을 의미한다. 우리는 성경을 읽는 행위에 우리의 생각과 느낌을 가져가고, 우리가 성경을 읽는 동안 성령이 우리의 생각과 느낌에 하나님의 생각과 느낌을 불러일으킨다.

우리가 성경 읽기에 가져가는 것

성경을 펼칠 때 우리는 무엇을 가져가는가? 어떤 사람은 펜이나 종이를 가져갈 것이다. 형광펜을 가져가는 사람도 있을 것이다. 하지만 우리는 모두 우리의 눈, 우리의 질문, 우리의 상황, 우리의 생각과 느낌을 가져간다. 성경을 읽을 때 펜이나 형광펜에 주목하는 것은 쉽다. 그러나 우리가 가져가는 눈과 질문, 상황, 생각과 느낌에 주목하는 일은 쉽지 않다.

우리는 성경을 펼치면 우리가 사물을 보는 방식에 비추어 그 책을

렉시오 디비나
거룩한 독서의 모든 것

읽게 된다. 작가 로버트 맥아피는 우리가 우리 나름의 '눈'으로 성경을 읽는다고 말한다. 예컨대, 미개발국에 사는 그리스도인은 선진국 출신의 그리스도인과는 다른 것을 성경에서 발견한다고 한다.[2] 부유한 국가에 사는 그리스도인은 선한 사마리아인의 비유를 읽을 때 ('이웃'을 도움을 받는 사람으로 보면서) 어려운 처지의 사람에게 베푼 친절한 행위의 가치를 알아차릴 것이다. 가난한 나라에 사는 그리스도인은 똑같은 이야기를 읽고 ('이웃'을 도움을 주는 사람으로 보면서) 어려운 자에게 의도적으로 동정을 베푸는 생활방식을 칭찬하시는 예수님을 주목할 것이다.

우리는 지구촌의 문화와 우리가 속한 곳의 역사에 영향을 받은 마음과 생각으로 성경에 다가간다. 부유한 이웃의 관점이 있고 가난한 이웃의 관점도 있다. 중세의 눈이 있고 근대의 눈도 있다. 남성의 안목이 있고 여성의 안목이 있다. 정치적 관점과 개인적 두려움, 공적 교육과 사적 묵상, 일반적인 혼동과 속 깊은 희망 등 모든 것이 우리의 성경 읽기에 수반된다.

우리는 텍스트에 우리의 질문거리도 가져간다. 어떤 질문들은 뻔하다. 어쩌면 특정한 질문을 탐구하기 위해 성경을 펼쳤을 수도 있다. 이를테면 "예배 시간에 누군가 일어나서 큰 소리로 방언을 하면 어떻게 해야 하는가?" 같은 것이다. 또 어떤 질문들은 그리 뻔하지 않다. 예컨대, 구약성경과 신약성경이 어떤 관계에 있는지 나는 잘 모르겠다. 하나님이 "우리를 결코 떠나거나 버리지 않으신다"고 나는 믿지만 때로는 내가 버림받았다고 느낀다. 우리를 늘 성가시게 하는 질문들도 있다. 어떤 질문들은 깊숙한 곳에 숨어서 우리 신앙의 토대를 위협하기도 한다. 우리가 의식하든 의식하지 않든 우리가 성경을 펼칠 때 이런 질문들이 우리와 함께한다.

끝으로, 우리는 성경 읽기에 우리의 환경도 가져간다. 때로는 우리의 환경이 가장 중요한 위치를 차지한다. 절박한 상황에 빠져서 성경에 다가갈 때가 있다. 그런 경우에는 우리의 환경에 비추어 성경을 읽는 것이 자연스럽다. 예컨대, 한 젊은이가 성찰과 묵상의 시간을 갖기 위해 우리를 찾아온 적이 있다. 그의 아내가 최근에 홀로 생활하기 위해 먼 도시로 떠나는 바람에 그는 큰 충격을 받고 어찌할 바를 몰랐다. 이혼 서류, 장래의 거처, 진로 등 온갖 문제로 그의 머리가 어지러웠다.

그 젊은이가 그의 곤경을 다른 이들에게 이야기하자 누군가가 나를 찾아가라고 일러줬다. 나는 그에게 "나는 결혼 상담가가 아닙니다. 하지만 그 위기 가운데 하나님과의 관계를 정립하고 싶다면 공간과 경청하는 귀는 제공할 수 있습니다"라고 말했다. 그는 자신이 원했던 바가 바로 그것이라고 말하고 우리를 방문한 것이다. 그 기간에 그는 주로 성경을 읽었는데(요한복음을 택했다), 어느 날 나사로를 살리시는 예수님의 이야기(요 11장)를 읽게 되었다.

그 묵상 시간에 대해 그 젊은이는 이렇게 말했다. "나로서는 나 자신의 상황을 성경에 나오는 상황에 대입하지 않을 수 없었습니다." 그 대목에서 예수님은 다른 누군가가 죽었을 때 가만히 기다리고 계셨다. 나사로의 위기는 그 젊은이의 위기보다 더 심했다. 나사로는 죽었다. 그리고 여기서 예수님은 의도적으로 나사로를 가만히 더 내버려두신다. "나는 매우 불리한 상황에 처했을 때 어떤 느낌이 드는지를 알고 있었습니다. 그러나 나사로야말로 절망적인 상황에 처해 있습니다." 그 젊은이의 말이다.

그런데도 예수님은 아무 일도 하지 않으셨다. 예수님은 사태가 자연스럽게 흘러가도록 두셨다. 그 죽음이 깊이 스며들도록 내버려두셨다. 그렇지만 그 현장에 도착했을 때 예수님은 결코 무감각하지 않으셨다. 예수님은 우셨다. 예수님은 사람들을 기다리게 하심으로써 하나님의 더 큰 영광이 나타난다는 것을 아셨으나 여전히 나사로와 그 일행을 염려하셨으며 그 마음을 절실하게 표현하셨다.

이에 대해 그 젊은이는 이렇게 고백했다. "마침내 나는 예수께서 죽음의 상황에서도 생명을 소생시킬 수 있는 분이란 것을 깨달았습니다. 때로는 사태가 죽음에 이르도록 내버려둔 후 하나님이 그것을 새로운 생명으로 일으키시게 하는 편이 더 낫습니다."

'하나님이 어떻게 하셔야 한다'는 우리의 생각을 접어두고 그것이 죽도록 허용하여 하나님이 새로운 생명을 일으키시게 하는 편이 더 나을 때가 있다. **물론 하나님이 그런 일을 하실 예정이라면 그렇다는 말이다.** 나의 젊은 친구는 그런 때에 경건한 사람이 흔히 하는 일을 했다. 바로 성경으로 눈을 돌려 텍스트가 그에게 무슨 말을 하는지 귀담아듣는 것이다. 이 단락을 더 깊이 묵상하면서 혹시 자기가 앞으로 취할 행동을 합리화하기 위해 억지해석을 하고 있는 것은 아닌지 자문했다.

하지만 그 젊은이는 그 주간에 많은 단락을 읽었는데, 유독 이 대목이 색다른 확신을 주었다는 사실을 깨달았다. 그가 깨달은 바는 그 텍스트에 적당한 것이었고, 그것이 그의 마음에 직접 와 닿았던 것이다. 그에게는 지금이 어쩌면 하나님이 하실 일을 두고 봐야 할 때인지도 모른다.

우리가 성경의 어떤 단락을 읽을 때 우리도 모르게 우리가 처한 상황이 머리 한구석에 남아 있는 경우가 있다. 그래도 성경은 그 상황에 대해 무언가를 말하기도 한다. 언젠가 내가 처한 상황을 바꿀까 하고 생각했던 적이 있다. 신학교에 갈 때 나는 도심지 목회 훈련 프로그램에 합류할 생각을 품고 있었다. 솔직히 말하면, 용감하게

렉시오 디비나
거룩한 독서의 모든 것

슬럼가에 들어가서 세상을 구원하여 차세대의 영웅이 되는 것이 내 목표였다.

어느 날 아침, 경건 시간에 당일 본문인 열왕기하 19장을 펴고 엘리야가 숨고 하나님이 그 앞에 나타나시는 장면을 읽었다. 내 상황을 탐색하려고 일부러 그 본문을 편 것이 아니었다. 그날 내 생각이 내가 처한 상황에 사로잡혀 있었던 것도 아니었다. 나는 그저 일정에 따라 그 본문을 읽은 것이다. 그렇게 읽어가다가 하나님이 엘리야에게 도전하시는 말씀을 들었다. "엘리야야 네가 어찌하여 여기 있느냐?" 하고 하나님이 물으셨다. 엘리야가 "내가 만군의 하나님 여호와께 열심이 유별하오니…오직 나만 남았거늘" 하고 대답했다 (왕상 19:9-10). 나는 정신이 번쩍 들었다. 정말로 엘리야의 입장을 공감할 수 있었다. 하나님을 위한 열정이 펄펄 끓는데 나 홀로 헌신하고 있다는 느낌이었다. 나처럼 예수님에게 철저히 헌신하려는 사람은 별로 없어 보였다. 그 단락을 읽은 뒤 내 생각은 이리저리 방황하고 말았다.

그러나 나중에 기도 시간이 되었을 때 하나님께서 나에게 도심지 훈련 프로그램에 참여하지 말라고 말씀하신다는 확신을 주셨다. 이 확신의 끝자락에 내 생각이 (하나님에 의해) 앞서 읽었던 본문으로 되돌아가서 당시에 알아채지 못한 사항을 발견했다. 하나님이 엘리야를

대면하는 장면의 끝부분에 이런 내용이 나온다. "그러나 내가 이스라엘 가운데에 칠천 명을 남기리니 다 바알에게 무릎을 꿇지 아니하고 다 바알에게 입맞추지 아니한 자니라"(왕상 19:18). 엘리야는 정말로 하나님을 섬기는 '유일한' 사람이었는가? 그렇지 않다. 사실 그는 세상 속 그 자신의 위치를 과대평가했다. 그래서 하나님이 엘리야에게 이 점을 알려주어 제자리에 앉히신 것이다.

솔직히 말하면, 나도 이 단락을 다시 읽고 나서야 제자리를 찾을 수 있었다. 나는 내가 누구라고 생각했던가? 내가 도심지 목회 훈련 프로그램에 합류하지 않으면 세상의 도심지들이 무너지고 말까? 그날 아침, 내 상황을 의식하면서 성경을 편 것은 아니지만, 하나님은 내가 가져간 것, 비록 한쪽 구석에 있었지만 그것을 사용하여 내 삶을 인도해주셨다.

요컨대, 우리는 성경을 읽는 자리에 우리 자신과 우리의 생각과 감정을 모두 가져간다. 우리의 여러 관계와 활동, 희망 등이 우리가 성경에 다가갈 때 우리와 함께한다. 우리가 그런 것들을 성경의 텍스트에 가져가는 것이다.

렉시오 디비나
거룩한 독서의 모든 것

성령이 가져오는 것

렉시오 디비나는 성령과 텍스트, 독자가 만나는 것임을 기억하라. 당신이 성경을 펼칠 때 성령이 '그 모임에 오시는' 것으로 생각해도 좋다. 그리고 성령은 모임에 참석할 때 무언가를 가져온다.

때로 그것은 너무나 평범해 보인다. 당신이 어느 단락을 찾아서 읽는다고 가정하자. 당신은 이런저런 어구에 대해 생각한다. 통찰력을 얻으려고 성경 사전이나 주석을 참고하기도 한다. 그 텍스트에 대해 곰곰이 생각하다 보면 당신의 궁금증을 푸는 데 도움이 되는 어떤 아이디어가 떠오른다. 예를 들면, 당신이 이제까지 사마리아인이 누군지를 전혀 몰랐다고 가정하자. 그래서 참고자료를 찾아본 결과 그들이 유대인의 미움을 받았던 사람들이었음을 알게 된다. 이는 예수께서 선한 사마리아인의 비유를 든 의도를 이해하는 데 도움을 준다. 이처럼 사마리아인(과 그 본문)을 새로운 눈으로 보게 되면, 당신이 그동안 싫어했던 사람들을 대하는 태도가 바뀌기 시작한다.

무엇이(또는 누가) 이런 마음을 불러일으켰을까? 여기서 주의하라. 너무도 자연스러워 보이는 것이 실은 초자연적인 것이다. 당신이 어떻게 해서 사마리아인에 대해 조사하게 되었는가? 새로운 눈과 행동방식은 어떻게 생기게 되었는가? 당신이 본문을 읽는 동안 그 모든 걸 즉시 생각해낸 것이 아니다. 사실은 읽고 이해하는 과정에서 타인을 향해 조금 열려 있던 마음이 촉발된 것이다.

또는 당신이 베드로전서를 펼쳐서 "악을 악으로, 욕을 욕으로 갚지 말고 도리어 복을 빌라"(벧전 3:9)는 베드로의 경고를 읽는다고 가정하자. 읽는 순간 그동안 '복을 비는 것'을 하나의 관행으로 삼지 않았음을 깨닫고, 이제부터는 당신을 해롭게 하려는 자들을 위해 복을 빌어주는 습관을 기르기로 결심한다. 당신은 이 단락의 명령을 당신의 삶에 적용하고 계속 읽어간다. 이에 대해 생각해보자. 이제까지 베드로의 명령을 당신의 관행으로 삼지 않았다는 깨달음은 과연 어디서 왔을까? 하나님의 영은 생각과 감정을 자극함으로써 소통하시는 분이다. 우리의 성경적이고 도덕적인 추론은 종종 하나님의 영이 말씀하시는 통로이다. 평범한 것이 실은 우리가 생각하는 것보다 더 비범한 것일 수 있다.

하나님의 말씀을 듣는 순간 우리 삶이 순식간에 변할 때도 있다. "위대한 사막의 아버지"라고 불리는 수도사, 이집트의 안토니(Antony of Egypt, 295-373)는 예수님의 초기 제자들의 자유에 관해 곰곰이 생각하던 중에 교회서 복음서를 낭독하는 것을 들었다. 이집트의 안토니는 주님이 한 부유한 남자에게 "네가 온전하고자 할진대 가서 네 소유를 팔아 가난한 자들에게 주라 그리하면 하늘에서 보화가 네게 있으리라"(마 19:21) 하고 말씀하시는 것을 들었다. 안토니의 전기를 쓴 아타나시우스는 안토니의 반응에 대해 이렇게 쓴다. "그 구절은 마치 그를 위해 낭독되는 것만 같았다. 안토니는 즉시 주님의 집에서 나가 그의 소유를 그 도시 주민들에게 나눠주었다."[31]

이와 비슷한 일이 감리교의 창설자이자 복음전도자인 존 웨슬리 (1703-1791)에게도 일어났다. 어느 작은 모임에서 바울의 로마서에 대한 루터의 서문을 읽는 소리를 들었을 때, 웨슬리는 그의 마음이 '이상하게 따스해지는' 것을 느꼈다. 그 대목은 하나님께서 그리스도에 대한 믿음을 통해 마음속에 일으키는 변화에 관해 말하고 있었다. 웨슬리는 그리스도께서 그의 죄를 없애주셨고 그를 죄와 사망의 법에서 구하셨다는 확신을 느꼈다. 웨슬리는 그 후에 다른 사람이 되었다. 이처럼 우리가 성경으로 나아갈 때 성령이 우리를 완전히 변화시키는 경우도 있다.

사실, 성령의 선물이 이 극단적인 두 상황 사이에 있는 경우가 훨씬 많다. 말하자면, 성경의 평범한 적용이나 인생을 바꾸는 경우가 아닐 때가 많다는 뜻이다. 로마 가톨릭 수도회인 예수회(Jesuits)의 설립자, 로욜라의 이그나티우스(Ignatius of Loyola, 1491-1556)가 바로 그런 경우였다. 이그나티우스는 군인이었는데 전투에서 부상을 당해 한동안 침대에 누워 있어야 했다. 그 기간에 그가 읽을 수 있는 책이

딱 두 권밖에 없었다. 그리스도의 생애에 관한 책과 교회 성인들의 역사를 다룬 책(그가 좋아했던 책은 아니다)이었다. 그는 쉬는 동안 읽은 내용에 대해 생각하거나 관심이 있었던 한 젊은 여성과 세상적인 모험에 대한 공상에 빠지기 일쑤였다.

한참 뒤에 이그나티우스는 그 자신의 생각에 관해 한 가지 알아차린 것이 있다. 그의 글을 풀어보면 이렇다. "세상의 것들에 대해 생각했을 때 그는 큰 즐거움을 느꼈으나 나중에는…무미건조하고 불만족스러워하는 자신을 발견했다. 반면에 그리스도의 희생과 교회의 성인들을 본받는 일에 관해 생각했을 때는 위안을 받았을 뿐만 아니라 그 생각을 뒤로 제쳐놓은 뒤에도 만족감과 기쁨이 사라지지 않았다."[4] 이렇게 글을 읽고 묵상했던 시기가 이그나티우스가 성령의 움직임을 처음으로 인식했던 때다.

세월이 흐른 후 로욜라의 이그나티우스는 *Spiritual Exercises*(영적 훈련)라는 제목이 달린 성경 묵상 매뉴얼을 썼다. 이 훈련은 성경 읽기(와 다시 읽기)와 더불어 성경을 읽는 동안에 생기는 생각과 느낌에 면밀히 주목하는 행습에 뿌리를 두고 있다. 이그나티우스와 그를 좇았던 많은 이는 성령께서 우리의 성숙도와 상황에 걸맞게 우리에게 생각과 느낌과 호감을 경험하게 하신다는 것을 배웠다.

예컨대, 내가 아브라함의 순종에 대해 읽고 자기 자신을 포기하는 순종의 삶에 매력을 느끼게 될 수 있다. 또 다른 대목을 읽으면서 그런 관심이 더 커지지만 그 순종을 구체적으로 어떻게 실천할지는 잘 모를 수 있다. 그러다가 몇 달이 지난 후 어머니가 심각한 병에 걸렸다는 사실을 알고, 어머니를 돌보기 위해 중요한 결정을 내려야 하는 일이 닥친다면 어떻게 하겠는가? 그때 나는 성령께서 렉시오 디비나를 통해 준비시켜준 덕분에 나 자신을 포기하고 어떤 값을 치르더라도 어머니를 돌보겠다는 (아브라함이 했던 대로) 순종의 삶에 돌입할 채비를 갖출 수 있을 것이다.

어느 날 내가 성경의 다른 단락을 읽는다고 가정하자. 예수께서 들의 백합화에 대해 생각하라고 말씀하시는 소리를 듣고 약간의 두려움이나 우려를 느낄 수 있다. 그런데 시간이 조금 흘러 성령이 나에게 신뢰하는 마음이 부족하다는 것을 깨닫게 함에 따라 그 두려움의 정체를 발견하게 된다. 우리 영혼 깊숙한 곳에서 일어나는 일은 표면에 잘 떠오르지 않고 성령의 목소리도 미묘할 수 있다. 그러나 우리가 인내하며 주의를 기울이면, 성경을 읽고 묵상할 때 일어나는 우리 영혼의 움직임과 성령의 일을 분별하는 게 가능하다.

성령이 하시는 일

우리는 **우리의** 생각과 느낌을 품고 성경 읽기에 임하고, 우리가 성경을 읽을 때 성령은 **하나님의** 생각과 느낌을 불러일으키는 역할을 한다. 때가 되면 성령이 우리 마음의 생각과 느낌을 재정리해준다.

우리는 "마음"(heart, 가슴)이란 어휘를 사용한다. "그녀의 말이 내 가슴에 사무쳤다." "이제 우리가 그 문제의 핵심(heart)을 다룰 것이다." "그녀는 돌같이 굳은 마음을 갖고 있다." 우리는 흔히 마음을 감정의 좌소(座所)로 보며 머리와 상반된다고 생각한다. 그러나 우리가 든 본보기들에서 볼 수 있듯이(그리고 다수의 성경 저자들과 고대 그리스도인들의 경우도 그렇듯이), 마음은 생각과 의지와 감정의 좌소이다. 마음은 삶 전체를 좌우하는 통제센터이다. 하지만 마음이란 용어는 어떤 것을 정확히 묘사하기보다 무언가를 불러일으키는 성격이 더 많다.

이 의미를 가장 잘 포착하는 방법은 마음이 우리의 동기를 담고 있다고 말하는 것이다.[5] 그것은 우리를 움직이는 엔진과 같다. 마음이 우리의 동기를 유발한다. 마음은 성품, 인격, 또는 동기유발 구조와 같은 것이다. "당신은 무엇에 희망을 거는가?" "무엇이 당신에게 의미를 주는가?"라는 질문에 대한 답변은 마음속에 있다. 우리의 마음에 새겨진 답변이 우리의 입술로 말하는 것과 다를 때도 있다. 그

렉시오 디비나
거룩한 독서의 모든 것

럼에도 불구하고 마음이 핸들을 잡고 있다.

마음(인격과 동기유발의 중심)이야말로 우리가 거룩한 성경 읽기에 가져가는 것이다. 우리가 최고 종교인이 되고픈 욕망에 이끌린 바리새인이든 외로움과 생존투쟁에 시달리는 과부이든, 우리의 성경 읽기와 해석은 우리가 텍스트에 가져가는 마음에 의해 이뤄지기 마련이고, 우리가 그 텍스트에 대해 마음이 열려 있다면 그것은 우리 마음이 변화와 치유를 가져오는 성령에 노출되는 것이다.

우리는 마음을 우리 삶의 오래된 '운영체제'로 생각할지도 모른다. 문제는 삶의 자료가 축적되어 조금 더 큰 메모리가 필요하거나, 기계가 가열되어 약간의 휴식이 필요한 것이 아니다. 땅과 하늘의 중간에 위치한 인간인 우리는 삶의 자료를 보고 해석하는 모든 방식에 결함이 있다는 것을 알아야 한다. 자료를 통합하고 그 의미를 이해하는 우리의 기본 시스템이 부적절하기 때문에 교체될 필요가 있다. 성경과 기독교 전통이 말하는 좋은 소식은 우리의 마음이 변화될 수 있다는 것이다. 하나님은 에스겔 선지자를 통해 이렇게 약속하신다. "또 새 영을 [내가] 너희 속에 두고 새 마음을 너희에게 주되 너희 육신에서 굳은 마음을 제거하고 부드러운 마음을 줄 것이며"(겔 36:26).

이 재정리 작업이 그냥 일어나는 듯이 보일 때가 있다. 어떤 사람이 하나님을 그 인생의 왕으로 모시면 그 사람은 새로운 탄생을 경험하게 된다. 그 사람은 이튿날 일어나서 인생의 새로운 의미를 발견한다. 또 어떤 경우에는 우리가 그 변화를 위해 투자해야 한다. 한 젊은 여성이 지혜로운 삶을 살기로 하고, 시간이 흐르면서 선한 삶은 자업자득이란 사실을 발견하게 된다. 말하자면, 그녀의 마음이 그녀의 행습을 가져온 것이다.

물론 모든 운영체제가 그렇듯이 개정과 경신 같은 것들이 필요하다. 우리 마음도 컴퓨터의 운영체제처럼 주기적인 프로그램 재편과 유지 관리가 필요하다. 우리에게 새 마음을 주겠다고 약속하시는 하나님이 또한 우리 마음을 강건케 하실 것이다. 바울도 데살로니가 교인들을 위해 이렇게 기도했다. "너희 마음을 굳건하게 하시고 우리 주 예수께서 그의 모든 성도와 함께 강림하실 때에 하나님 우리 아버지 앞에서 거룩함에 흠이 없게 하시기를 원하노라"(살전 3:13).

우리가 성령의 마음 재편 작업에 협력할 수 있는 길이 여럿 있다. 우리는 의례와 예배를 통해 우리의 세계관을 연마한다. 진리에 대해 묵상하며 그 속에 잠긴다. 인생의 핸들에서 손을 떼고 하나님이 돌봐주실 것을 믿는다. 지배문화와 그 목적을 거스르며 의도적으로 새로운 삶을 영위하려고 더욱 노력한다. 어쩌면 박해를 받을 수도 있지만, 이 역시 우리의 가치관을 강화시킨다. 하나님과의 만남, 진정한 회개, 찬송, 우리 자신의 생각에 주목하는 일 등 우리가 성령의 마음 재편 작업에 협력할 수 있는 일은 얼마든지 있다. 여기서 우리가 말하려는 요점은 렉시오 디비나를 실천하는 가운데 이런 여러 활동을 실제로 행한다는 것이다. 신성한 독서는 우리 마음의 재편을 도모하는 강력한 도구이다.

이에 대해 생각해보자. 렉시오 디비나는 본래 의례적인 읽기와 예배의 전통에서 유래했다. 아침 기도문에 나오는 신약 본문을 중심으로 홀로 있는 시간을 보낼 수 있다. 우리가 사적인 예배를 드릴 때는 우리의 예배와 렉시오가 동일한 행동이 된다. 우리는 본문을 읽고 묵상한다. 우리가 읽는 내용에 못 미치는 자신을 발견하면 회개한다. 우리가 본문에 멜로디를 붙일 수 있고, 그 텍스트와 관련된 찬송을 부를 수도 있다. 찬송은 그 말씀을 더 깊이 새겨준다. 텍스트를 읽다가 멈추고 우리의 생각에 주목하기도 한다. "나는 왜 이 본문을 붙들고 자주 씨름하는가?"

우리는 현실에 등을 돌린 채 정신없이 살거나 미디어와 오락에 중독되는 대신 렉시오 디비나를 통해 현재에 충실하기로 결심한다. 이 텍스트와 함께 지금 여기서 현재의 삶에 충실해지는 것이다. 이런 행습을 통해 우리는 주어진 삶에 감사하고, 이 감사는 하나님을 더 깊이 이해하고 사랑하도록 우리의 마음을 열어줄 수 있다.

렉시오는 또한 그리스도를 바라보며 그분을 닮아가도록 우리를 자극할 수 있다. 가령, 복음서의 한 대목을 읽고 천천히 그 드라마 속으로 들어간다. 한 과부의 슬픔이 있다. 예수께서 그 앞에서 발걸음을 멈추시고 그 과부를 돌보고 치유하신다. 우리는 이 모습을 보면서 예수님의 연민을 느끼고 우리도 그렇게 하고 싶어진다. 이 읽는 행위를 통해 우리의 마음이 거룩함으로 강건해진다. 이것이 바로 성령과 텍스트와 독자가 함께 만나는 장면이다.

사막의 장로들은 이처럼 마음이 성경에 접속되는 것을 잘 알았다. 예컨대, 아바 모세(Abba Moses)는 4세기에 존 카시안과 나눈 대화에서 사막에서의 삶을 이렇게 요약했다.

우리가 행하는 모든 일과 우리의 모든 목적은 이 마음의 순결을 위한 것이어야 한다.…이것을 위해 우리는 성경 읽기와 더불어 모든 덕스러운 활동을 실행해야 한다. 우리가 그렇게 하는 것은 우리의 마음이 모든 위험한 정욕의 해악에서 자유로워지고 저 높은 사랑의 지점까지 한 걸음씩 올라가기 위해서다.[6]

사막의 장로들은 우리에게 조용히 성경을 읽을 때, 그리고 삶을 영위할 때 떠오르는 생각에 주목하라고, 즉 주의를 집중하는 연습을 하라고 격려했다. 우리는 우리의 생각을 주시하여 염려나 자기방어, 판단이나 자기보호가 아니라, 참되고, 경건하고, 옳고, 정결하고, 사랑받을 만하고, 칭찬받을 만하고, 덕스럽고, 기림을 받을 만한 것들로(빌 4:8) 방향을 돌림으로써 "[우리의] 마음을 지키는"(잠 4:23) 법을 배우게 된다. 성경 읽기를 선택하는 행동 자체가 우리의 생각을 하나님의 것으로 돌리는 행위이다. 하지만 우리는 성경을 읽고 있는 중에도 우리의 생각을 주시하여 그 방향을 조정하곤 한다. 이는 곧 우리의 생각과 느낌을 자극함으로써 우리와 소통하시는 하나님의 영의 일에 우리가 주목하는 것이다.

예를 들면, 당신이 성령의 사역을 인식하는 하나의 방법으로 읽고 있는 성경 본문에 대해 몇 가지 질문을 던질 수 있다.

- 나는 이 단락을 읽을 때 무슨 생각을 했는가? 왜 그랬는가?
- 성경 본문을 읽을 때 머릿속에 떠오른 어떤 생각이나 질문, 아이디어가 있는가?
- 성경을 읽는 동안 현재의 생활에서 경험하는 어떤 은혜나 죄를 알아챘는가? 이에 대해 나는 어떤 반응을 보이는가?
- 하나님의 성품이나 행위에 관해 나는 무엇을 알게 되었는가? 그에 대해 나는 어떻게 반응하는가?

- 이 단락을 읽을 때 어떤 행동을 하고 싶은 마음이 들었는가? 그런 마음의 바탕에는 무엇이 있는 것 같은가?
- 나는 이 본문을 읽을 때 어떤 느낌이 들었는가? 왜 그런 것 같은가?

이런 질문을 던지는 것이 주의를 집중하는 훈련이다. 이런 주의력 집중 훈련으로 말미암아 우리는 떠오르는 생각과 그 생각의 실행 사이에 성찰의 순간을 삽입할 수 있다. 그 때 우리는 상처나 분노 때문에 성급하고 편향되게 반응하지 않고 사랑하는 마음으로 행동할 수 있게 된다. 주의력 집중은 파괴적인 생각과 감정에서 해방되는 길을 열어준다. 그리고 우리의 생각이 유익하고 선한 것들에 머물 수 있는 능력을 개발해준다. 시간이 흐르면 우리의 마음 자체가 개조된다.

렉시오 디비나는 인간의 차원을 하나님의 말씀 및 영과 연결해준다. 우리는 텍스트에 우리 자신, 즉 눈과 질문, 상황과 마음 등 우리의 모든 것을 가져간다. 우리는 성경을 읽으면서 그 행위에서 성령의 영향을 어떻게 받는지 주시한다. 우리가 성경에 푹 젖어서 성경이 우리의 마음을 재편하고, 우리의 신념과 느낌을 지배하는 온갖 염려와 생각을 바꾸도록 허용한다. 아울러 텍스트를 통해 우리의 평범한 질문들과 문화적 편견, 개인적 두려움, 운영체제는 하나님의 영의 재량에 맡겨진다. 이 과정을 통해 우리의 생각이 새로워지고 우리의 마음이 변화된다. 다음 장부터는 렉시오 디비나의 다섯 가지 요소를 하나씩 살펴볼 예정이다. 그것은 읽기와 묵상하기, 기도하기, 관조하기, 행동하기이다.

묵상 질문

1. 이번 장에서 저자들은 성령이 사람들에게 소통하는 다양한 방법을 열거하고 있다. 당신이 경험한 것이 있으면 이야기해보라. 당신은 성경을 읽는 중에 어떻게 성령의 사역을 경험했는가?

2. 당신은 보통 성경을 읽을 때 어떤 것들을 가져가는가?

3. 성경을 읽는 중에 어떤 생각과 느낌이 든다면 당신은 그것이 당신 자신에게서 온 것인지, 성령이 주신 것인지 어떻게 알 수 있는가?

4. 이번 장은 거룩한 성경 읽기의 한 가지 기능을 묘사하기 위해 컴퓨터의 유지 관리를 예로 들고 있다. 당신은 이 이미지에 대해 어떻게 생각하는가?

제안

성경의 한 단락을 선택해서 읽어보라. 그리고 읽는 동안 무슨 생각이 스쳤는지 곰곰이 성찰하고, 그 읽기에 당신이 가져갔던 것들을 재구성해보라. 이어서 그 본문을 다시 읽은 후 성령이 그 읽기에 무엇을 가져왔는지 생각해보라. 시간이 허락하면 다른 단락에 대해서도 그렇게 해보고 당신의 생각과 성령의 일에 관해 배우려고 노력하라.

4.
읽

기

하루를 사는 동안 우리는 많은 것을 읽되 실로 다양한 방식으로 읽는다. 카탈로그를 대충 훑어보며 필요한 정보를 찾기도 하고 신문을 들고 여기저기 읽으며 눈동자가 정처 없이 쏘다니기도 한다. 전문적인 글을 정독하며 그 뜻을 이해하려고 같은 줄을 반복해서 읽기도 한다. 우리는 교정쇄를 읽고 속독도 하며, 때로는 안락의자에 앉아 즐거운 독서 삼매경에 빠지기도 한다. 그리스도인들 역시 성경을 다양한 방식으로 읽는다. 집에서 성경 공부를 하고 교회에서 성경 낭독을 듣는다. 흥미로운 소설처럼 복음서의 페이지를 넘길 때가 있고, 풍요로운 시처럼 시편을 들고 앉을 때도 있다. 우리가 여기서 강조하는 방법은 거룩한 독서(렉시오 디비나)이다.

렉시오 디비나는 연인의 글을 읽는 방법이다. 텍스트만큼이나 관계에 주의를 기울이는 편안한 기다림이다. 분석적인 연구를 배제하지는 않지만 주로 천천히 묵상하며 읽는 방법이다. 여기에는 읽기와 기도가 함께 묶여 있다. 하나님과 함께하는 삶에서 나오고 그런 삶으로 인도하는 독서이다. 18세기 영국의 비국교도 저자였던 필립 도드리지(Philip Doddridge, 1702-1751)는 그의 유명한 책, *The Rise and Progress of Religion in a Soul*(영혼 속 신앙의 발흥과 성장)에서 바로 이런 독서법을 권장하고 있다.

성경의 어떤 부분을 읽으라. 너무 많이 읽지 말고 성경 전체를 순서대로 읽지도 말라. 가장 쓸모 있는 부분에서 일부를 골라내라. 10-12절 정도를 선택하라.…그리고 그 본문에 대해 신앙적이고 실제적인 안목에서 생각해보라. 본문 자체가 당신의 생각에 나타내는 교훈들을 받아들이고, 그것들을 당신의 양심에 반복해서 들려주고, 당신의 마음에 그것들을 신앙적으로 지키도록 지시하고, 그것들을 실행에 옮기라.…당신이 성경을 펼쳐놓은 채 그 요지를 놓고 기도하면, 그것이 당신의 기억에 새겨지고 당신의 마음에 더 깊이 각인되고, 기도를 통해 당신의 생각과 말투 등 다양한 면에 영향을 줄 것이다.[1]

여기서 도드리지가 묘사하는 과정과 사용하는 용어들을 주목하라. 당신이 선택한 작은 분량을 읽으라. 이 부분을 신앙적이고 실제적인 안목에서, 즉 본문을 통해 드러난 하나님과 당신의 관계, 그리고 당신의 반응에 주목하면서 깊이 생각해보라. 당신이 읽을 때 당신의 생각에 나타나는 '교훈들'을 받을 준비를 갖추라. 그런 교훈이 나타나면 그와 더불어 시간을 보내고 그에 반응하라. 이렇게 하면, 이런 인상들이 당신의 삶 속에 깊이 새겨지고 당신의 기도하는 방식을 바꿀 것이다. 이것이 렉시오 디비나다.

앞에서 우리는 렉시오 디바나를 여러 요소를 지닌 하나의 접근법으로 묘사했다. 읽기와 묵상하기, 기도하기, 기다리며 안식하기, 그리고 인생의 시련을 겪는 중에 행동하기가 그 요소들이다. 이것들은 별개의 작업이나 단계들이 아니라 성경을 통해 하나님과 함께하는 통합된 과정의 일반적인 구성 요소들이다. 성경과의 모든 상호작용(공부, 듣기, 묵상 등)이 텍스트를 통해 하나님의 말씀을 온전히 듣는 데 기여하는 것처럼, 거룩한 독서의 다양한 요소들도 다함께 합력하여 하나님과 우리의 관계를 증진시키는 분위기를 조성한다. 이번 장에서는 읽기에 대해 살펴보려고 한다.

읽기란 무엇인가?

우리는 '렉시오 디비나'라는 어구를 성경과의 신앙적인 상호작용을 묘사하는 말로 사용한다. 아울러 '읽기'를 렉시오 디바나에 속한 한 가지 행위, 즉 우리 자신을 텍스트에 노출시키는 행위로 인식한다. 그러면 여기서 말하는 읽기(우리 자신을 텍스트에 노출시키는 것)란 과연 무엇인가?

내가 성경을 들고 한 단락을 찾는다. 그동안 누가복음을 죽 읽어 왔는데, 오늘의 본문은 누가복음 5장 17-26절이다. 그냥 재미로 그 본문을 큰 소리로 읽는다. "하루는 가르치실 때에 갈릴리의 각 마을과 유대와 예루살렘에서 온 바리새인과 율법교사들이 앉았는데 병을 고치는 주의 능력이 예수와 함께 하더라." 여기서 내가 멈춘다. 그리고 잠시 생각해본다. **"병을 고치는 주의 능력이 예수와 함께 하더라"는 말이 무슨 뜻일까? 이것은 어떤 특별한 순간이었을까? 하나님의 능력이 항상 예수와 함께하지 않았던가?** 이런저런 생각을 한 뒤에 나는 이 문제를 풀 수 없다고 생각한다.

그래서 한 어구씩 천천히 계속 읽어간다. "한 중풍병자를 사람들이 침상에 메고 와서 예수 앞에 들여놓고자 하였으나 무리 때문에 메고 들어갈 길을 얻지 못한지라 지붕에 올라가 기와를 벗기고 병자

102

를 침상째 무리 가운데로 예수 앞에 달아 내리니." 이 부분을 읽으면서 당시의 장면을 머릿속에 그려본다. 집과 중풍병자와 함께 침상을 들고 오는 사람들, 군중…. 그 사람들이 침상을 들고 왔으나 군중을 뚫고 들어갈 수 없어서 느꼈을 좌절감을 나도 공감한다. 그들이 지붕 위로 올라가는 모습을 내가 본다. **그 당시에는 지붕이 어떤 모양이었을까? 기와는 어떻게 생겼을까? 그 사람들은 친구를 달아 내리기 위해 어떻게 기와를 제거했을까? 시끄러운 소리가 많이 났을까?**

다시금 내가 경험한 지붕에 기초하여 몇 가지 가능성을 상상한다. 언젠가 성경 사전에서 자세한 내용을 찾아보기로 결심한다. 지금 당장은 아니다. 그런데 중풍병자를 데려온 이 사람들은 누구였는지 궁금해진다. **가족, 아니면 친구들?** 아, 페이스북으로 여동생의 생일을 축하해야겠다는 생각이 든다. 하지만 나는 지금 성경을 읽고 있다. **하나님, 나는 여기서 당신과 함께 있어요.**

내가 어디에 있었지? 아, 그렇지, 그들이 그 병자를 예수님 앞에 두었지. "예수께서 그들의 믿음을 보시고 이르시되, 친구야(개역개정판에는 '이 사람아') 네 죄 사함을 받았느니라 하시니 서기관과 바리새인들이 생각하여 이르되 이 신성 모독 하는 자가 누구냐 오직 하나님 외에 누가 능히 죄를 사하겠느냐." 나는 바리새인들이 자기네끼리 이렇게 투덜대는 모습을 상상한다. 그리고 용서에 관한 다른 대목들이 머릿속에 떠오른다. 이어서 작년에 일어났던 일이 생각난다. '작년에 나는 정말 멍청한 짓을 했어. 그게 틀렸다는 걸 나도 알고 있지. 직장 동료 중 일부는 아직도 나를 용서하지 않았어.' 내 머리는 어느새 과거를 더듬어 살피고 있다. 그러다가 다시 본문으로 돌아가 예수께서 그 중풍병자에게 그의 죄가 용서받았다고 말씀하시는 장면에 이른다. "[예수께서] 중풍병자에게 말씀하시되 내가 네게 이르노니 일어나 네 침상을 가지고 집으로 가라 하시매."

　나는 이렇게 생각한다. '나도 그 사건 이후 계속 중풍병자와 같은 신세야. 나는 앞으로 나가지 못하고 일어설 수조차 없어. 일어설 수만 있다면 좋으련만. 하나님, 제가 여기에 있습니다. 이 죄 사함과 치유가 어떻게 일어날 수 있지요?' 이후 나는 예수님의 말씀, "친구야, 네가 죄 사함을 받았느니라"를 다시 듣는다. 하지만 이번에는 그분이 그 중풍병자가 아니라 내게 하시는 말씀이다. 마치 예수께서 죄의 침상에 누워 꼼짝도 못하는 나를 내려보시는 듯하다. 그분이 나를 "친구야" 하고 부르시는 것 같은 느낌이 든다. 잠시 동안 거기서 나를 쳐다보며 내 죄가 용서받았다고 말씀하시는 예수님과 얼굴을 맞대고 있다.

　나는 본문으로 되돌아간다. "그 사람이 그들 앞에서 곧 일어나 그 누웠던 것을 가지고 하나님께 영광을 돌리며 자기 집으로 돌아가니

렉시오 디비나
거룩한 독서의 모든 것

모든 사람이 놀라 하나님께 영광을 돌리며 심히 두려워하여 이르되 오늘 우리가 놀라운 일을 보았다 하니라." 이 단락은 내가 며칠 전에 읽은 누가복음 2장에서 천사들과 목자들이 예수님을 보내주신 하나님께 영광을 돌리는 장면을 생각나게 했다. 다시금 나는 이렇게 생각한다. '그 사람에게 무슨 일이 일어난 게 분명해. 그의 죄 사함을 치유로 연결해준 무슨 일인가가 일어났고, 그는 일어나서 걸어갈 수 있는 능력을 받았어. 예수님은 이 단락에서 '권세'에 대해 말씀하셨어. 바리새인들이 염려했던 것은 중요하지 않았어. 정작 중요한 것은 예수님이 하신 말씀이었지. 예수님은 나에게 내 죄가 용서받았다고 말씀하셔. 나도 이제 일어나야겠어.'

나는 성경을 덮고 하루 일과를 수행한다. 그리고 일터에서 예전의 수치심을 다시 느낄 때 잠시 동안 일어선다. 이제는 과거의 실패와 대인관계에 사로잡히기를 거부한다. '예수께서 나를 용서하셨으니 그분의 용서 덕분에 나는 열심히 살아갈 수 있어.'

읽기와 해석하기

앞에서 언급했듯이, 우리는 읽기를 우리 자신을 텍스트에 노출시키는 행위로 본다. 우리가 자신을 성경 텍스트에 노출시키면 방금 묘사한 것과 같은 과정이 진행된다. 그 이야기 속에는 다른 요소들도 암시되어 있다. 기도도 있고 주님의 용서에 대한 관조적인 인식도 있다. 행동은 무대 뒤편에서 과거의 '사건'으로 존재하고, 장차 행동의 방향 전환이 이뤄질 것이다. 하지만 묵상의 요소는 거의 없는 편이다. 그럼에도 우리가 이 이야기를 들려주는 목적은 거룩한 독서(텍스트에 노출되는 것)가 대체로 어떤 것인지를 보여주기 위해서다.

그런데 내가 방금 시도한 읽기 방법에 문제가 있을 수 있다. 이는 정보용 성경 읽기와 거룩한 성경 읽기 사이의 긴장관계를 보여주는 문제점, 거룩한 텍스트와 삶의 관계에 대해 더 많은 것을 가르쳐주는 문제점이다. 이에 대해 자세히 살펴보자.

우리가 누가복음을 꼼꼼하게 살펴보면, 4장 31절-6장 11절이 예수님의 권위와 성품에 관한 이야기들을 모은 대목임을 알 수 있다. 4장 14-30절은 예수께서 광야에서 시험을 받으신 후 '성령의 능력으로 충만하여' 갈릴리로 돌아온 장면을 묘사한다. 예수님은 고향에서 이사야의 예언이 그분에게서 성취되었다고 선포하신다. 그분 자신이 바로 가난한 자에게 복음을 전하고, 포로된 자에게 자유를 주고, 병든 자를 고치고, 하나님의 백성을 위해 새로운 시대를 열게 될 기름부음을 받은 자라고 선포하신 것이다. 그러나 고향 사람들은 그분을 믿지 않고 절벽 아래로 떨어뜨리려고 한다. 하지만 그분은 유유히 빠져나가 순회 사역을 시작한다.

이어서 여러 이야기가 나온다. 예수님이 가르침을 베풀자 사람들이 깜짝 놀라는 이야기, 예수께서 귀신을 쫓아내고 귀신들이 그분을 하나님의 거룩한 자라고 선언하는 이야기, 병자들을 고치시는 이야기, 예수께서 수많은 고기를 잡게 하고 수많은 군중이 그분을 따르는 이야기, 그분이 최악의 계층에 있는 사람을 영접하고 가장 작은 자들에게 복음을 전하시는 이야기…. 우리는 '깜짝 놀라는' 군중, 예수를 배척하는 바리새인들과 고향 사람들, 그분을 따르기로 하는 사람들 등 여러 등장 인물들을 접하게 된다.

우리가 2장에서 인간의 말을 통한 하나님의 말씀에 대해 논의한 것이 기억나는가? 누가는 예수님의 신적 권위를 증명하고 이 신인(神人)에 대한 다양한 반응을 보여주기 위해 이런 이야기들(인간의 말)을 묶었다. 중풍병자 이야기의 취지는 그 사람의 죄 사함뿐만 아니라 예수님의 신적 권위를 보여주는 것이다. 물론 그분은 병을 고치고 귀신을 쫓아내고 물고기를 잡게 하시지만, 이런 일들은 요술쟁이나 선지자도 해낼 수 있다. 그러나 죄를 용서하는 일은 '오직 하나님만' 하실 수 있다. 바로 이 점이 예수님의 치유사역과 군중의 놀람("우리가 놀라운 일을 보았다")과 함께 누가의 취지를 잘 보여준다.

반복되는 단어와 성격, 플롯 전개 등을 자세히 살펴보면 이 단락이 예수님의 신성과 우리의 반응에 대한 더 큰 진술에 기여하기 위해 기록된 대목임을 알 수 있다. 이는 예수님에 관한 또 한편의 증거를 제공하기 위해 기록된 것이다(눅 1:1-4). 따라서 예수님의 속성에 관한 이 선언이 누가의 본래 의도였다고 말할 수 있다.

그렇다면 내가 예수님의 용서에 초점을 맞춘 것은 부적절한가? 나 자신을 중풍병자와 동일시한 것은 틀렸는가? 내가 이 단락에서 끌어낸 것은 그릇된 적용인가? 상상력을 발휘해서 직관적이고 신앙적으로 성경을 읽게 되면 문법적이고 역사적인 공부를 통해 얻는 본문의 명백한 의미에서 벗어나게 되는 것일까? 이 질문들에 대해 우리는 "반드시 그렇지는 않다"고 대답해도 무방하다. 거룩한 성경 읽기는 텍스트의 일차적인 의미와 거기에 함축된 의미들을 모두 발견하게 해주는데, 후자는 이성적인 접근이 밝힐 수 없는 것이라고 할 수 있다. 좀 더 들여다보자.

인간의 두뇌는 언어적 실마리와 개념적 실마리를 따라가는 것이 자연스럽다. 하나의 '중요한 단어'는 다른 중요한 단어와 연합하고 [저자인 장 레클레르크(Jean Leclercq)가 수도원 독서에서 단락들이나 아이디어들을 연결하는 단어들을 묘사했듯이], 한 단락에 대한 이해는 논리적 분석이 아니라 그 단락을 둘러싼 여러 단락들, 아이디어들, 경험의 축적을 통해 이뤄진다.[2] 인간의 뇌와 신경체계를 연구하는 심리학자들은 신경망의 발달과 확장에 관해 말한다. 우리의 머리는 자연스레 서로 강하게 연결된 연상들을 따라가기 마련이다.

그런데 그것이 자연스럽다고 해서 반드시 옳다고 말할 수 있는가? 그렇기도 하고 그렇지 않기도 하다. 좀 더 살펴보자. 물론 이 단락을 쓴 누가의 취지는 예수의 신성을 입증하고 제자도의 가치를 보여주는 것이다. 이 이야기 전후에 나오는 이야기들은 누가가 예수님이 하나님의 기름부음을 받은 자임을 보여주려고 모은 것이다. 예수님이 병을 치유하고, 귀신을 쫓아내고, 물리적 우주에 변화를 주신다. 심지어 그분의 가르침도 뭔가 다르다. 그 모든 것에 더하여, 여기서는 예수님이 죄를 용서하는 권세가 있다고 주장한다. 그 일은 오직 하나님만 하실 수 있다는 사실을 누구나 (그 누구보다도 바리새인들이) 알았다. 누가는 예수님이 신적인 메시아라는 주장을 분명히 펴고 있었던 것이다.

그런데 그렇게 하는 도중에 누가는 우리에게 예수님이 죄를 용서하신다고 일러준다. 이것은 일차적인 취지는 아니더라도 정당한 주장임에 틀림없다. 그리고 그 도중에 누가는 또한 우리의 용서와 우리의 치유가 어떻게든 메시아 안에서 연결되어 있다고 말해준다. 괜찮은 학자라면 누구나 이 주장이 누가의 메시지의 진실성에 기여한다는 점을 인정할 것이다.

그러나 거룩한 독서에서 나는 이 점을 다르게 이해한다. 그 텍스트의 학문적 분석을 통해 얻은 정당한 함의를 나는 신앙적 읽기를 통해 직관적으로 파악하게 된다. 예수님은 죄를 용서하신다. 예수님은 **나의** 죄를 용서하신다. 예수님은 치유하신다. 예수님은 **나를** 치유하신다. 물론 우리가 예수님의 용서와 치유를 더 깊이 이해할수록 기름부음을 받은 그분의 다른 특징들도 더욱 신뢰할 수 있다. 결국에는 나의 읽기가 나 자신과 하나님께 용서받은 느낌(관계상의 방향전환)에 관한 것처럼 보이지만, 이 경험은 또한 예수님에 대해 새롭게 이해하는 계기(누가의 일차적인 취지)가 된다.

우리가 읽는 행위를 학문적 탐구로 접근하든 관계상의 소통으로 접근하든, 우리는 일어나는 현상에 주목한다. 각 경우에 발생하는 서로 다른 현상에 주목할 뿐이다. 예배 시간에 성경에 노출되는 것, 성경을 노래로 부르는 것, 성경을 묵상하는 것, 성경을 공부하는 것 등 이 모든 행위는 제각기 나름의 자리와 기능이 있다. 이것들은 각각 다른 것들을 섬기는 역할을 해야 마땅하다.

개인적인 해석과 성령

만일 렉시오 디비나가 아무나(또는 어떤 그룹이나) 성경 앞에 앉아 짧은 단락을 읽고 마음에 떠오르는 것을 끌어내는 일이라면, 그것은 다소 위험한 행위가 아닐까? 이런 읽기, 즉 무방비 상태로 성경에 노출되는 것은 주제넘은 행위가 아닌가? 사람들에게 목사나 학자, 또는 정확한 석의(釋義) 기술이 필요하지 않을까? 그러다가 이단에 빠지지는 않을까?

경건주의 지도자인 필립 스페너(Philipp Spener, 1635-1705)가 그리스도를 섬기는 일에 평신도가 참여해야 한다고 변호하는 글에서 바로 이 문제를 다루었다.

무엇보다 먼저, 교리의 주요 항목들과 삶의 규칙은 성경에 너무도 명백히 나와 있기 때문에 교육받은 사람뿐만 아니라 교육받지 못한 사람도 얼마든지 성경을 배우고 이해할 수 있다. 그래서 경건한 마음으로 이런 것을 이해하고, 순종하는 자세로 (자기가 받은) 첫 번째 기준을 이용하며, 묵상하고 기도하는 마음으로 성경을 계속 읽으면, 성령이 그들에게 더 많은 깨달음을 주게 되어 마침내 그들은 더 고차원적이고 더 어려운 문제들을 배우고 이해하게 된다. 또한 그로 인해 신앙을 굳건하게 다지고 인생의 교훈을 얻고 위로를 받는 데 필요한 만큼 성경을 깨닫게 된다(마 13:12; 요 14:21; 딤후 3:15-17).[3]

스페너는 목사에게 성경 공부 그룹 참여를 조심스럽게 격려했다. 물론 개인이 사적인 시간에 개인적 교화를 위해 텍스트를 탐구하는 일과 우리가 큰 공동체를 위해 정책을 개발하거나 신조를 만드는 일은 별개다. 후자의 경우에는 공인된 읽기 방식을 사용해야 한다. 그럼에도 우리는 모두 교회의 성경 해석에 기여할 만한 나름의 은사가 있고, 우리 나름대로 텍스트에서 메시지를 얻는 방법이 있다. 만일 우리가 각 사람에게 하나님의 말씀을 탐구하도록 허용하지 않는다면, 우리 자신과 타인이 모두 손해를 볼 것이다.

이 논의는 이제 조명의 개념으로 이어진다. 2장에서는 성경이 무엇인지를 이해하게 도와주는 신학 용어인 '계시'와 '영감'에 대해 살펴보았다. 우리가 성경을 어떻게 이해할지, 또는 읽을지를 묘사하는 세 번째 용어는 '조명'이다. 조명의 교리는 우리가 성경과 만날 때 성령이 활발하게 움직여 우리 안에서 하나님을 나타낸다고 가르쳐준다(예, 요 14:26). 성경 읽기는 결코 홀로 하는 행위가 아니다. 하나님의 연애편지가 뜻하는 바를 가까이서 속삭이는 성령의 음성이 늘 있다. 이것은 개인 각자와 하나님의 공동체 둘 다에게 속삭이는 음성이다.

어려운 단락은 어떻게 할 것인가?

성경에서 모순된 듯이 보이는 단락이나 이해하기 어려운 단락은 어떻게 하는가? 한 가지 제안 사항은 우리가 확실히 알고 있는 것에는 안심하고, 우리가 모르는 것에 대해서는 하나님이 (아마 타인을 통해) 우리에게 조명해주시리라고 믿는 것이다. 우리의 대학시절에는 '종말'에 관한 토론에 특히 관심이 많았다. 끊임없는 토론이 진행되는 중에 나는 스스로 그 문제를 파악하고 계시록을 통째로 읽어보기로 결심했다. 당시에 12장의 용과 광야로 도망친 여인에 관해서 읽을 때는 절망에 빠지다시피 했던 것이 기억난다. 그 텍스트가 얼마나 헷갈리는지 쓴 소리가 튀어나올 정도였다. 그 때 내가 신뢰하는 누군가가 나에게 이해할 수 있는 것에 머물러 있으라고 훈계했다. 계시록 12장 10절부터는 글이 페이지에서 튀어 오르는 것만 같았다.

"내가 또 들으니 하늘에 큰 음성이 있어 이르되
이제 우리 하나님의 구원과 능력과 나라와
또 그의 그리스도의 권세가 나타났으니

우리 형제들을 참소하던 자

곧 우리 하나님 앞에서 밤낮 참소하던 자가 쫓겨났고."

내가 이해할 수 있는 글이 여기에 있었고, 이것이 나에게 필요한 글이었다. 나는 예수를 통해 성취된 승리의 선언을 들을 필요가 있었다. 사탄이 나의 참소자란 소리를 듣고, 나의 죄책감이 성령이 주는 자각이 아니라 사탄의 참소의 결과임을 깨닫는 게 필요했던 것이다.

복음주의 성공회 사제였던 에드워드 비커스테스(1786-1850)는 *A Scripture Help*(성경의 도움)라는 책에서 이에 관해 유익한 조언을 해주었다.

한 텍스트가 첫눈에 다른 텍스트와 모순되는 것처럼 보인다고 해서 사실이 그렇다고 생각하면 안 된다. 우리는 성경이 그 자체와 다를 수 있다고 추정하지 말고, 한 텍스트를 다른 텍스트와 더 잘 조화시킬 수 있을 때까지 겸손하게 하나님을 바라보자. 그렇게 하면 복음의 진리들이 스스로를 점점 더 우리 마음에 열어 놓는 것을 발견할 것이다. 그리고 우리가 조금씩 에베소서 4장 13절이 말하는 바 "하나님의 아들을 믿는 것과 아는 일에 하나

가 되어" 가게 될 것이다.[4]

이와 비슷하게, 나를 가르친 어느 교수는 이 어려운 단락들을 한시적으로 정신적 냉장고 안에 안전하게 보관하는 법을 배웠다고 했다. 이 단락들은 냉장고 안에 있었기 때문에 그의 사유를 손상시키지 않았고, 그가 더 풍부한 이해력을 개발했을 때 다시 꺼내어 그것들을 탐구할 수 있었다.

성경의 어려운 대목에 접근하는 또 다른 방식은 그것을 하나님이 주신 도전으로 받아들이는 것이다. 토머스 머튼은 이렇게 말했다.

대다수의 사람에게 성경을 이해하는 일은 하나의 몸부림과 같다. 아니, 몸부림이어야 한다. 참고서적에서나 찾아볼 수 있는 의미를 발견하는 것뿐만 아니라 성경 자체에 담긴 뚜렷한 스캔들과 모순을 개인적으로 받아들이는 것이 그렇다. 우리의 목표는 이런 모순들을 적당히 해명하는 게 아니라, 우리를 초월하는 의미와 경험의 낯설고 역설적인 세계, 하지만 우리에게 지극히 적실한 그런 세계에 들어가는 길로 삼는 것이다.[5]

우리는 성경에 대한 순종을, 타당하게 보일 경우에만 순종하는 것으로 생각할 때가 많다. 그러나 순종이란 것은 우리가 완전히 이해할 수 없어도 기꺼이 믿음으로 무릎을 꿇는 것을 의미한다. 리치 멀린즈가 이 관점을 잘 포착하여 신조에 대해 이렇게 썼다. "내가 그것을 만들지 않았다. 그것이 나를 만들고 있다."

읽는 행위

이제 우리는 읽기에 내포된 요소들을 어느 정도 알았고 독서가 신앙생활에서 차지하는 위치도 이해한 만큼 읽는 행위 자체에 대해 살펴볼 필요가 있다.

첫째, 모든 행위가 그렇듯이 거룩한 독서 역시 조금만 준비해도 최상의 결과를 얻을 수 있다. **먼저 환경을 다루는 게 좋겠다.** 당신이 아무런 방해 없이 여유롭게 텍스트에 집중하고 성령의 움직임에 자유로이 반응할 수 있는 장소와 시간을 아는가? 아울러 성경 읽기에 적합한 '정신적 환경'에 대해서도 생각하는 게 필요하다. 양호한 정신적 환경이란 우리가 성경의 진리를 삶으로 실천하는 환경을 일컫는다. 이런 의미에서 거룩한 삶은 거룩한 텍스트를 더 분명히 이해하도록 이끌어준다. 우리의 삶, 성경에 대한 접근, 우리의 신학 사이의 상호관계에 관해 아우구스티누스는 이렇게 말했다. "성경을 읽을 때, 우리가 현세에 대해 얼마나 죽는지에 따라 성경을 얼마나 명료한 안목으로 보는지가 (비례하여) 정해진다. 또한 우리가 이 세상에 대해 얼마나 살아 있는지에 따라 영적인 분별력이 (반비례로) 정해진다."[6] 동시에, 우리는 성경을 통해 하나님께 나아가기 전에는 우리 자신을 완전하게 만들 수 없다. 사실 이것이 중요한 점이다. 우리는 하나님의 말씀을 기다리면서, 구원받은 자인 동시에 죄인의 상태로 성경에 나아간다. 그래서 최선을 다하는 것이다.

다음으로, 우리가 읽을 준비를 할 때, **우리가 텍스트에 가져가는 것을 기억하는 일**이 필요하다. 우리는 왜 이 책을 들고 있는가? 무엇을 읽게 되기를 바라는가? 어떤 '눈'과 함께 텍스트에 다가가는가? 어떤 기분으로 텍스트에 접근하는가? 왜 그런가? 우리가 어떤 사람의 편지를 읽고 해석할 때 그 사람과의 관계가 현존하는 것처럼, 성경을 읽고 해석할 때에도 우리와 하나님과의 관계가 실재한다. 마치 미식축구 경기가 시작되기 전에 신체적·정신적 '자세'를 갖추는 게 중요하듯이, 렉시오 디비나에서도 거룩한 독서를 위해 약간 준비하는 것이 유익하다. 성경을 따르겠다는 결의가 성경 읽기 자체에 영향을 미칠 것이다.

아울러 **근처에 글쓰기 도구를 갖고 있는 것**이 좋다. 때로는 수첩에 성경을 읽으면서 갑자기 든 생각, 이를 테면 형제에게 생일 축하 카드를 써야겠다는 생각을 기록하고, 그 생각은 잊어버리면 된다. 또 어떤 경우에는 나중에 주석이나 다른 참고자료에서 찾아볼 역사적인 문제나 신학적인 문제를 써놓을 필요가 있다. 그리고 우리가 성경의 한 단락을 읽는 동안에 일어나는 일을 정리하려면 (당신의 주의가 산만해지지 않는 한) 일기 형식으로 기록하는 것이 매우 좋다.

아울러 참고자료를 가까이 두는 것도 도움이 된다. 그러면 역사적인 문제나 문법적인 문제가 생길 때마다 주석 성경이나 단권 주석을 금방 찾아볼 수 있다. 찾아본 뒤에는 곧바로 성경으로 되돌아가는 게 좋다. 학문적 호기심에 이끌려 거룩한 독서를 망칠 수도 있기 때문이다. 성경 언어를 가르치는 독일의 성경학자인 아우구스트 헤르만 프랑케(Augustus Herman Franck, 1663-1727)는 그런 호기심을 경계하라고 말한다.

외적인 사항에 대한 지식이 말씀 자체를 읽고 싶은 열정을 식히지 않도록 조심하라. 이 면에서 오류에 빠지는 사람이 얼마나 많은지 모른다. 껍데기를 게걸스럽게 먹다가 풍성한 계시의 말씀에서 흘러나오는 하늘의 기쁨을 전혀 맛보지도, 즐기지도 못하는 사람들이 있다.…외적인 도움을

렉시오 디비나
거룩한 독서의 모든 것

활용할 때 부족한 것과 지나친 것은 둘 다 문제다.…중용을 지키는 사람이 가장 안전하다. 자신의 지혜를 의지하지 않고 타인의 권위에 매혹되지 않는 사람, 하지만 내적인 도움과 외적인 도움을 결합하는 법을 기꺼이 배우는 사람이 되어라.[7]

우리가 제안할 마지막 사항은 **겸손하게 읽으라**는 것이다. 한편, 하나님은 그 자신을 성경을 통해 우리에게 계시하기로 정하셨다. 그래서 저자들에게 영감을 주고 독자들에게 조명하시는 것이다. 다른 한편, 우리는 오류가 없는 독자가 아닌 만큼 우리의 연약함을 깊이 의식하는 가운데 텍스트에 다가가야 한다. 우리가 다른 사람의 질문을 경청하려고 할 때, 그리고 신적인 타자(하나님)의 도전에 기꺼이 귀기울이려 할 때에야 비로소 겸손하게 나아갈 수 있다.

마지막 이야기

말하고 싶은 요점은 이것이다. 우리가 텍스트에 노출될 때 우리의 마음이 하나님의 사역에 합류하고, 예전에 말씀하셨던 그 하나님이 오늘 우리를 변화시키기 위해 그 말씀을 조명하신다는 것이다. 예화를 하나 드는 게 좋겠다. 대학 시절 나는 성경을 어떻게 이해해야 할지 몰라 헷갈렸다. 예전에는 구원이란 것이 신조, 기도, 도덕적인 삶, 적극적인 전도의 문제라고 배웠다. 그런데 대학의 분위기는 인종 갈등, 평화의 도모, 세계적인 기아 문제를 비롯한 사회적인 이슈들 등을 강조했다. 그래서 나는 내가 봉착한 개인적이고 신학적인 혼동을 해결하기 위해 스스로를 성경에 노출시키기로 결심했다.

나는 성구 사전을 꺼내놓고 이런 이슈들(부, 억압, 가난한 자, 맘몬, 정의 등)과 관련된 모든 구절을 찾아봤다. 수백 개의 구절이 있어서 공부하는 데 일 년도 더 걸렸다. 나는 읽고 묵상하고, 읽고 묵상했다. 물론 메모도 했다. 결국에는 내가 기대했던, 정치적인 문제들에 대한 해답은 결코 찾지 못했다. 그러나 이 공부가 끝났을 때 나는 다른 사람으로 변해 있었다.

나 자신을 그 구절들에 거듭해서 노출시킨 결과 나는 하나님의 심정, 즉 연민의 손길을 뻗치시는 하나님, 불의를 미워하시는 하나님, 관대하신 하나님, 의를 갈망하시는 하나님의 심정을 느끼게 되었다. 나의 신조를 포기하지 않았고 전도의 중요성도 놓치지 않았다. 오히려 성경을 읽은 덕분에(사실은 학문적인 연구와 거룩한 독서의 조합이었다) 우리의 사회구조를 창조하고 또 지금도 관심을 기울이시는 하나님과 더욱 동일시되는 체험을 하게 되었다.

묵상 질문

1. 그것이 무슨 책이든 책을 읽거나 공부할 때 우리에게 무슨 일이 일어나는가? 성경을 읽거나 공부하는 것은 어떤 점에서 독특한가? 이런 점은 당신의 성경 읽기에 어떤 영향을 주는가?

2. 우리가 상상력과 직관을 동원하며 경건한 자세로 성경을 읽을 때는 문법적이고 역사적인 연구를 통해 밝혀낸 텍스트의 의미에서 멀어지는 것일까? 저자들은 결코 그렇지 않다고 응답한다. 당신은 어떻게 생각하는가? 그 이유는 무엇인가?

3. 어떻게 하면 교회가 오류에 빠지지 않게 하면서 신자 개개인에게 성경을 읽을 수 있는 자유를 줄 수 있을까? 성경 읽기는 엘리트만의 특권이 아니다. 하지만 어떤 사람들은 성경 해석과 관련해 다른 이들을 지도할 수 있다. 우리는 그들을 어떻게 격려할 수 있을까?

4. 당신은 '어려운' 단락들을 어떻게 다루는가? 이번 장을 통해 당신이 배운 점은 무엇인가?

제안

성경의 한 단락을 선택해서 이번 장에 나온 몇 가지 제안을 이용하여 묵상하는 자세로 읽어보라. 그리고 읽기를 통해 당신이 하나님과 만난 경험을 글로 써보라. 이번 장에서 저자들이 소개한 예문을 참고하라.

5.
묵상
하기

묵상(*meditation*)이란 단어가 약간 생소하게 들릴지 모르겠다. '묵상 해도 괜찮을까?' 하는 의구심이 들 수도 있다. 염려하지 말라. 당신 은 이미 묵상을 하고 있다. 성경은 묵상에 관해 많은 말을 하면서, 모 든 사람이 예배하듯이 모든 사람이 묵상한다고 가정한다. 성경의 관 심사는 우리가 누구를, 또는 무엇을 예배하는가, 그리고 무엇(성경, 창 조세계, 구속 등)에 관해 묵상하는가 하는 점이다. 성경은 묵상하라고 명 령하기보다는 묵상하고 있다고 가정한다. 기본적으로, 묵상은 우리 가 소중히 여기는 그 무엇에 머물러 있는 것, 집착하는 것, 그에 관 해 계획을 꾸미는 것, 백일몽을 꾸는 것, 또는 공상하는 것이다. 어린 이 게임 하나를 생각해보라. 당신이 공을 미로로 움직여 목표 지점에 도달하는 게임인데, 그 중간에 공을 밀어내는 홈이 있다. 우리 마음속에서 저절로 발생하는 묵상 작용은 우리의 생각이란 공을 보내고 그 방향을 좌우하는 잘 닳은 홈과 같다.

이 때문에 예수님이 염려에 대해 그토록 우려하는 것이다. 염려는 일종의 묵상이다. 이는 하나님의 섭리적인 돌보심에 의문을 제기하며 의심과 영적 어둠에 빠지곤 하는 행습이다. 우리가 굳이 "잠시 시간을 내어 이에 대해 염려하고 집착하자"고 말할 필요가 없다. 염려는 자동으로 생긴다. 염려의 홈은 우리 생각의 공을 이리저리 전환시키고, 염려가 전혀 쓸데없다는 예수님의 말씀(마 6:24-35)에 동의한다고 말하면서도 우려를 재생하고 또 재생하게 만든다.

우리는 모두 묵상한다. 마음에 드는 것에 관해 생각한다. 시편 기자는 무의식적으로 떠오르는 묵상을 "내 마음의 묵상"(시 19:14)으로 불렀고, 그의 말과 더불어 그의 묵상이 하나님의 마음에 들도록 기도했다. 불건전한 염려든 경건한 눈물이든 상관없이 우리 생각은 낯익은 생각의 통로로 거듭해서 돌아가게 되어 있다. 사실 우리는 이런 무의식적인 묵상의 작용을 끊기 위해 정신적인 에너지를 투입할 때가 많다.

의도적인 묵상은 무의식적으로 일어나는 묵상과는 달리 고의적인 성격을 지니며, 무의식적으로 떠오르는 생각을 바꿀 수 있는 길

렉시오 디비나
거룩한 독서의 모든 것

을 제공한다. 묵상의 힘은 우리의 무의식적으로 떠오르는 생각의 패턴을 형성하는 방식에서 나온다. 우리의 생각이 고상한 진리로 가득할 때, 우리는 삶에 충만한 은혜에 더욱 감사하는 마음을 품게 되고, 우리의 삶 자체가 변화되는 경험을 하게 된다. 그리스도인들은 오랜 세월에 걸쳐 다양한 형태의 의도적인 묵상을 실천해왔다. 그 중 다수는 성경 텍스트와 직결되어 있다.

성경 묵상이란 무엇인가?

성경을 가리키는 가장 흔한 이미지는 '말씀'(word)이다. 구체적으로 말하면, 성경은 하나님의 말씀이고, 이는 성경이 언어를 매개체로 삼아 그 역할을 수행한다는 뜻이다. 이 말씀은 하나님에게서 난 것이기 때문에 독특한 권위와 능력을 지니고 있다. 하나님은 그분의 말씀을 통해 세계를 창조했고, 우리의 구속에 영향을 주었으며, 그분의 사랑을 나누신다. 성경 말씀 안에는 능력이 있다. 그 자체에 마술적인 힘이 있어서가 아니다. 그것은 말씀하시는 분의 능력에서 나오는 힘이다. 이 말씀에 능력이 있는 것은 하나님이 말씀을 통해 일하시기 때문이다. 즉, 축복하시고, 심판하시고, 새로운 생명을 탄생시키시고, 보호하시고, 정의를 실현하신다는 말이다.

성경 읽기를 통해 우리는 스스로를 텍스트에 노출시킨다. 성경 묵상을 통해 우리는 스스로를 텍스트에 푹 잠기게 한다. 성경의 영향력 또는 힘이 우리 내면에서 작동하도록 허용하는 셈이다. 이사야는 하나님의 메시지에 대해 이렇게 선언했다. "내 입에서 나가는 말도 이와 같이 헛되이 내게로 되돌아오지 아니하고…"(사 55:11). 예레미야는 하나님의 말씀을 "불"(렘 5:14, 20:9)과 "바위를 쳐서 부스러뜨리는 방망이"(렘 23:29)로 묘사한다. 시편 기자는 말씀을 사람에게 주는 경고라고 말한다(시 19:11). "주님의 말씀이…에게 임했다"는 말은 성경에 나오는 어구이다. 이는 그 말씀이 누군가의 삶에서 강력한 지침이 되었다는 뜻이다. 성경 묵상은 그 말씀에 열린 마음을 연마하여 '주님의 말씀'이 당신에게 임하게 하는 방법이다. 이것은 동정녀 마리아가 그리스도의 성육신이 지닌 함의를 마음속으로 '곰곰이 생각했던' 것과 비슷하다(눅 1:26-38).

묵상의 과정에 대해 생각해보면 그동안 두 가지 이미지가 도움이 되었다. 첫째는 **되새김질**이다. 소나 양이나 염소가 꼴을 새김질하는 모습을 상상해보라. 이런 동물의 위장은 여러 부분으로 구성되어 있다. 그들의 양식은 첫 번째 위에서 일부 소화된 후 새김질감으로 역류되어 다시금 씹혀서 더 잘게 나뉜다. 되새김질의 이미지를 사용한 사람들은 성경을 너무도 사랑한 나머지 그 인생을 성경을 필사하고 기도하는 데 보냈던 수도사들이다. 그들은 묵상을, 성경을 읽고 암송한 후 다시 역류시켜 씹고 또 씹어서 마침내 완전히 소화하고 사용함으로써 성경을 섭취하는 행위로 보았다.

이처럼 말씀을 씹고 맛보고 마음속에 품으려면 그 말씀에 매우 친숙할 필요가 있다. 그렇게 되려면 텍스트에 나오는 이미지와 어구, 또는 단어에 초점을 맞추어야 한다. 오늘날에는 흔히 묵상을 조용한 정신적 활동으로 생각하지만, 과거에는 태도와 행실에 주목한다는 의미에서 말이 수반되는 신체적 활동이었다. 마르틴 루터는 그리스도인들에게 "묵상하라"고 촉구하며 "마음속으로 할 뿐만 아니라 그 책[성경]의 말과 글을 실제로 되풀이하고 비교하는 외적 행위로도 해야 한다"고 주장했다.[1] 신학자인 더글러스 버튼-크리스티(Douglas Burton-Christie)는 초기 사막의 그리스도인들에 관해 이렇게 말했다. "묵상이 과거에는, 오늘날 그 단어가 의미하게 된 것처럼 어떤 글의 뜻에 대한 내적인 성찰이 아니었다. 그것은 무엇보다도 먼저 서서히 소화되고 내면화되었던 언설 내지는 감탄의 말이었다. 성경에 관한 묵상은 하나의 구두적인 현상이었다. 우리는 과거에 수도사들이 성경을 묵상하는 소리를 듣고 그 모습을 보았던 증인들의 이야기를 통해 이 점을 알게 된다."[2]

두 번째 이미지는 성경에 나오는 것이다. 묵상을 가리키는 구약성경의 일부 단어들은 영어 단어들, 즉 'brood'(곰곰이 생각하다), 'ponder'(숙고하다), 'meditate'(묵상하다) 등에는 없는 신체적 차원을 갖고 있다. 구약의 단어들은 때때로 비둘기가 "구구구" 하는 소리나 사자가 사냥한 동물을 먹으면서 만족스러움을 표현하는 으르렁거리는 소리를 가리킨다. 유진 피터슨은 그의 개가 뼈를 갉아먹을 때 기뻐하는 모습에서 이 점을 포착했다.

그 녀석은 뼈다귀를 갉아먹었고, 그것을 뒤집고 돌리고 핥았으며 물고 뒤흔들었다. 때로 우리는 "우르르" 하는 소리나 으르렁거리는 소리를 들을 수 있는데, 이는 고양이가 가르랑거리는 소리에 해당한다. 그 녀석은 서두르지 않고 즐기는 것이 분명하다. 그러길 두어 시간이 지나면 그 뼈다귀를 묻어놓고 이튿날 다시 끄집어낸다. 이 일이 평균적으로 일주일쯤 지속되었다.

우리 개의 즐거움, 진지하게 노는 모습, '필요한 한 가지'에 몰입한 어린애 같은 자발성을 보고 나는 언제나 기뻐했다.…[이사야서에서] 나는 내가 우리 개를 보며 즐겼던 것과 비슷한 것을 시인이자 선지자인 그도 관찰하고 있는 모습을 발견했다. 단, 그의 동물은 개가 아니라 사자였다. "큰 사자나 젊은 사자가 자기의 먹이를 움키고 으르렁거릴 때에…"(사

렉시오 디비나
거룩한 독서의 모든 것

31:4). "으르렁거리다"는 단어가 나의 주의를 끌었다.…우리 개가 그 소중한 뼈다귀를 붙잡고 한 행동, 그것을 갉아먹고 즐기고 맛보는 중에 즐거움의 목소리를 냈던 것을, 이사야의 사자는 그의 먹이를 움켜잡고 했던 것이다.…나는 여기에 "으르렁거리다"(hagah)로 번역된 히브리어 단어가 보통은 "묵상하다"로 번역되었다는 사실을 알고 무척 기뻤다. 가령, 시편 1편에서 "오직 여호와의 율법을 즐거워하여 그의 율법을 주야로 묵상하는"(2절) 남자나 여자를 복되다고 묘사하는 대목이다. 시편 63편에서도 그렇게 번역되었다. "내가 나의 침상에서 주를 기억하며 새벽에 주님에 대해 묵상할 때(주의 말씀을 작은 소리로 읊조릴 때)"(6절). 그러나 이사야는 이 단어를, 우리 개가 뼈다귀를 물고 뒤흔드는 것처럼 자기 먹이를 놓고 으르렁거리는 사자를 가리키는 데 사용한다.[3]

되새김질, 으르렁거리기, 갉아먹기. 이런 이미지들은 나의 묵상 행위에 어떤 의미가 있을까? 되새김질의 이미지는 우리가 텍스트에 친숙해져 성경이 없을 때도 그것을 기억할 수 있어야 한다고 말해준다. 우리가 한 단락을 암송하면 그렇게 할 수 있다. "그런데 어떻게 율법을 입에 넣을 수 있을까?" 하고 달라스 윌라드가 물었다. "물론 암송으로 가능하다. 이는 우리가 어떤 것을 깊이 생각한다고 말할 때 떠오르는 이미지이다."[4] 우리가 외워서 알게 된다는 뜻이다.

그리고 거룩한 독서를 할 때 짧은 대목을 정하면 충분히 암기할 수 있다. 이제까지 시편이 묵상 대상의 1순위였다. 첫 번째 이유는 거기에 나오는 이미지들(번개, 으르렁거리는 개, 부서진 팔, 버터, 꿀)이 기억하기 쉬운 것이기 때문이다. 또 다른 이유인즉 시편은 작게 쪼갤 수 있기 때문이다. '으르렁거리기', '갉아먹기'의 이미지는 묵상의 과정에 완전히 개입하라고 일러준다. 말하자면 텍스트를 큰 소리로 읽고, 노래로 부르고, 숨 쉬는 소리에 따라 말하고, 우리의 걸음걸이에 맞춰보라고, 즉 텍스트를 취대한 경험해보라고 권한다.

묵상이란 것을 우리 공부의 최고 단계에 해당하는 것으로 생각해도 좋다. 공부할 때 우리는 텍스트의 의미를 고찰한다. 묵상할 때 우리는 텍스트와 그 의미가 우리 속에 깊이 스며들도록 한다. 우리 마음의 애정이 재편된다. 읽기는 보통 긴 단락을 대상으로 삼는 데 비해 묵상은 작은 부분을 대상으로 한다. 묵상은, 우리가 순종하는 마음으로 하나님의 말씀을 경청할 때, 그 말씀이 우리 영혼에 영향을 주도록 하는 행위다. 디트리히 본회퍼는 이렇게 썼다. "우리는 어떤 식으로든 묵상한 뒤에는 앉았을 때와는 다른 상태로 일어서길 바란다. 우리는 그리스도의 말씀을 통해 그분을 만나고 싶다. 우리는 그분이 오늘 그분의 말씀을 통해 우리에게 전하고 가르치고자 하시는 것들을 듣고자 하는 열망을 품고 텍스트에 다가간다."[5]

렉시오 디비나
거룩한 독서의 모든 것

묵상은 우리가 정확한 방법을 따른다고 잘되는 것은 아니다. 오히려 말씀이 우리 마음속에 스며들도록 우리가 허용할 때, 즉 우리의 방어벽을 허물고 하나님이 살아 있는 말씀으로 우리에게 영향을 미치시도록 우리가 허용할 때 잘 수행된다. 이제 당신에게 삶의 속도를 늦추고 조용한 곳으로 물러가 말씀을 섭취하라고 권하고 싶다.

속도를 늦추라

하나님 앞에서 열린 마음을 품는 것은 강요할 문제가 아니라 격려할 사안이다. 이는 우리가 속도를 늦출 때 가능하다. 잠시, 당신이 가까운 친구와 언제 함께하는지를 생각해보라. 느긋하게 벤치에 앉아 있을 때인가, 아니면 함께 커피를 한 잔 마실 때인가? 당신이 상대방이 방금 한 말에 대해 생각할 때는 잠시 멈추는 순간이 있다. 당신 스스로 "상대방이 내 말을 정말로 경청하고 있다고 느낀 적이 언제였지? 내가 상대방의 말을 귀담아들은 때는?" 하고 자문해보라. 이런 일은 우리가 다른 '할일'을 잠시 제쳐놓고 스스로 속도를 늦출 때 일어난다. 성경 묵상도 마찬가지다.

묵상은 "내가 여기에(*hinneh*) 있습니다"라는 말과 함께 시작된다.

이것은 아브라함이 하나님 앞에서, 어린 사무엘이 밤중에 성막 안에서 하나님의 말씀을 들었을 때, 그리고 이사야가 거룩한 하나님의 환상을 보고 파탄 지경에 빠졌을 때 보인 반응이었다. 그러므로 당신도 생명의 말씀을 받기 위해 앉을 때면 "내가 여기에 있습니다" 하고 말하라.

우리는 또한 하나님이 우리를 소중히 여기신다는 것을 아는 상태로 묵상에 임해야 한다. 우리가 하나님의 사랑을 받는 존재임을 절감하지 않으면 성경을 위협적인 책으로 느낄 수 있다. 혹독한 글을 접할 때, 그것이 당신을 사랑하는 분이 당신의 유익을 위해 하신 말씀임을 알면 용기를 얻을 수 있다. 다음 장에서 다루겠지만, 수용적인 기도의 태도는 렉시오 디비나가 몸담은 집이다. "내가 여기에 있습니다"라는 말은 묵상 과정 전체를 채색하는 말이다. 당신은 기도하는 마음으로 묵상에 진입한다. 읽고 성찰하는 행위는 기도의 행위다. 성경을 읽은 후 잠시 멈추고 하나님이 어느 부분에서 함께하셨는지를 살펴본다.

손을 따뜻한 물에 담그면 온몸이 따뜻해지듯이, 기도를 시작할 때 성령을 조금만 주목해도 묵상 시간 내내 하나님을 향해 열려 있을 수 있다. 묵상은 **영적인** 활동이란 사실을 유념하라. 간단한 기도로 시작하고, 하나님의 임재를 의식하도록 요청하고, 성령께 묵상하는 법을 가르쳐달라고 간구하라. 묵상을 영적인 행위로 인식하지 못하면, 그것은 당신을 사랑하는 분과 그분의 연애편지를 통해 만나는 사건이 되기보다는 원리들에 관한 성찰이나 경험의 추구로 전락할 수 있다.

말씀을 섭취하라

성경 묵상의 두 번째 측면은 실제로 '말씀을 섭취하는 일'이다. 읽기를 통해 우리는 말씀을 우리에게 가져온다. 묵상을 통해 우리는 말씀을 우리 속으로 받는다. 그리고 이 과정은 사람에 따라 다를 것이다.

성경 묵상의 주요 특징 중 하나는 반복이다. 우리는 그것을 갉아먹고, 반추하고, 그 위에 머물러 있고, 생각하고 또 생각한다. 루터는 독자들에게 성경 말씀을 반복하여 읽으라고 권면한다. "부지런히 주의를 기울이고, 성찰하는 자세로 말씀을 읽고 또 읽어서 성령께서 의도하신 의미를 발견하도록 하라. 그리고 지치지 않도록 주의하고, 당신이 말씀을 한두 번 읽고 듣고 말한 것으로 충분하다고 생각하지 말라."[6]

우리가 성경을 섭취하는 또 다른 방법은 그 텍스트에 우리의 생각과 마음과 몸을 완전히 개입시키는 것이다. 시편을 읽을 때는 그 텍스트의 내용에 따라 무릎을 꿇고, 손을 들거나 소리 높여 외치고, 우리의 몸을 통해 그 말씀을 이해하려고 애쓰면서 그것을 암송한다. 복음서의 한 이야기를 읽을 때는 어떤 영화를 보거나 소설을 읽는 것처럼 그 장면을 상상한다. 상상력을 동원한 성찰은 생각과 감정을 연결해 인간 저자가 그 이야기를 통해 독자에게 전달하려는 것을 포착하게 해준다. 그리고 시나 예언을 읽을 때는 우리의 느낌을 개입시켜 그 텍스트를 통해 전달되는 기분을 붙잡는다.

몸으로 성경을 읽으려고 애쓰라. 사실 묵상을 일종의 '마인드 게임'으로 생각하면 그 효과는 최소화된다. 묵상의 자세와 장소에 대해 깊이 생각하라. 최소한 공손한 자세를 취하라. 다리를 꼬지 말고 손바닥을 펴서 성령의 사역을 받아들일 준비를 갖춰라. 성경은 전인(全人), 즉 마음과 지성, 영혼, 힘이 이해하도록 기록된 것인 만큼 전인적으로 묵상하는 것이 좋다.

따라서 우리의 지성도 개입시킨다. '묵상하다'라는 용어는 종종 "어떤 것에 관해 생각하다"라는 뜻으로 쓰인다. 도미니크 수도회의 일원이었던 사이먼 터그웰(Simon Tugwell)은 초기 도미니크회 수도사들에 대해 이렇게 썼다. "전형적인 도미니크회 저자들의 글을 읽어

렉시오 디비나
거룩한 독서의 모든 것

보면, 묵상과 관조는 지적인 의미를 보유하고 있으며, 양자는 경건의 훈련보다 평범한 지성의 활용과 훨씬 더 관계가 많다."[7]

우리의 지성을 개입시키는 한 가지 방법은 질문을 제기하는 것이다. 이 텍스트에서 무슨 일이 벌어지고 있는가? 이 단락에서 얻을 것은 무엇인가? 이는 하나님이 복이나 약속을 주시는 대목인가? 명령이나 경고, 또는 사랑의 말씀을 주시고 있는가? 내가 하나님을 찬양해야 할 이유는 무엇인가? 내가 주께 고백해야 할 것은? 내가 따라야 할 본이 있는가? 이 구절에 기초해 내가 기도할 것은 무엇인가? 때로 우리는 특정한 이야기나 어구, 또는 아이디어를 중심으로 묵상할 필요가 있다. 또 어떤 경우에 묵상은 이모저모로 생각하며 텍스트와 삶의 연관성을 탐구하는 거룩한 사고의 훈련이다.

우리는 성경 묵상을 통해 본문이 의도한 폭넓은 전달사항을 받게 된다. 당신이 어떤 강연에서 큰 감동을 받았던 때를 기억해보라. 그 강사의 메시지와 그 주제에 대한 열정, 놀라운 인생 이야기가 삼위일체를 이루어 당신을 감동시켰다. 그리스의 철학자인 아리스토텔레스는 설득 이론의 세 가지 구성 요소, 즉 메시지(로고스), 감정 또는 위력(파토스), 신빙성(에토스)을 제시했다. 성경 텍스트를 읽을 때 우리는 먼저 그 말씀에 끌리지만, 그 메시지가 전달된 방식(파토스와 에토스)에 주목하지 않으면 우리를 겨냥하신 하나님의 발화 행위(speech-act)

로 말씀을 받아들일 수 없을 것이다. 우리가 텍스트를 들고 저자의 관심과 신빙성을 인식하게 될 때에야 그 텍스트를 온전히 받아들일 준비를 갖추게 된다.

당신은 또한 성경이 당신에게 직접 하는 질문에 주목할 수 있다. 가령, "바디매오의 치유 이야기"(막 10:46-52)를 읽다가 다음과 같은 예수님의 질문을 발견할 수 있다. "네게 무엇을 하여 주기를 원하느냐?" 또는 예수님이 제자들에게 던지신 질문, "너희는 나를 누구라 하느냐?"를 읽고 도전을 받을 수 있다. 이런 질문들은 단지 정보를 전달하기 위한 것이 아니다. 청중에게 행동하라고 도전하기 위한 것이다. 더 나아가, 그 질문들은 예수께서 동시대인에게 질문하셨을 뿐만 아니라 독자인 우리에게도 묻기 위해서 기록된 것이다. 그러면 하나님은 당신에게 어떻게 행하고 계시는가? 하나님은 우리가 온전한 존재가 되길 바라시는 하나님께 우리의 필요를 아뢰라고 초대하신다.

하지만 우리는 성경이 초대장 이상의 것임을 알아야 한다. 거기에는 하나님께서 그분의 말씀을 통해 직접 행하시는 방식이 담겨 있다. 성경은 신비로 가득 차 있다. 이런 신비에 비추어 우리 마음을 면밀히 조사하는 것도 성경을 우리 삶에 적용하는 좋은 방법이다. 우리가 성경과 신앙과 관련해 난처한 문제에 봉착하면, 그것을 우리 삶 속에서 일하도록 허용해달라는 하나님의 초대로 이해해도 좋다.

렉시오 디비나
거룩한 독서의 모든 것

말씀을 들고 가라

당신은 말씀을 섭취한 뒤에는 그것을 보유하고 싶을 것이다. 아울러 그 시간을 기도로 끝내고 싶을 것이다. 하나님의 말씀을 무릎 위에 놓고 그분 앞에 앉을 수 있는 기회를 얻은 것을 감사하는 기도를 드려라. 하루를 시작하면서 무엇을 들고 가야 할지 여쭤보라. 영성 작가인 마담 귀용(Madame Guyon, 1648-1717)은 묵상 시간이 끝날 때 그 텍스트에서 '영적인 꽃다발'(향기로운 코르사주)을 따서 들고 다니면, 그날 상쾌한 일이 자주 일어난다고 말했다. 예컨대, 카드에 성경을 한 구절 써서 주머니에 넣고 다니며 그날 수시로 읽어도 좋다. 어떤 사람들은 점심과 저녁식사 때 습관적으로 그날의 본문을 되돌아본다. 당신 나름대로 성경 말씀을 들고 다니는 방법을 찾아보라. 시편 1편이 밤낮으로 말씀을 묵상하도록 권하고 있음을 기억하라. 우리는 그런 습관을 기르기 위해 애써야 한다. 온종일 성경에 초점을 맞추는 일은 우리가 그런 계획을 세우고 실행할 때에만 가능하다.

성경에서 발견한 진리를 우리 자신에게 설파하는 것도 한 가지 방법이다. 마틴 로이드 존스는 묵상이 기도로 전환되는 것이 중요하다는 점을 잘 포착했다. "당신이 느끼는 대부분의 불행이 당신 자신에게 말하는 대신 당신의 말을 경청하는 사실에 기인한다는 것을 알았는가?"[8] 당신이 받은 진리를 스스로에게 큰 소리로 말하는 법을 배우면 우리의 삶이 은혜롭게 변한다.

묵상이란, 말씀을 섭취하고 들고 다니는 것임을 기억하라. (우리가 개인적으로 또는 집단적으로 성경을 묵상할 때) 당신이 묵상에서 얻은 교훈은 다른 사람에게 적실할 때도 있지만 당신 개인에게 특별히 적실한 경우가 많다. 우리가 텍스트를 숙고하노라면 현재의 삶과 관련하여 위로를 얻기도 하고 도전을 받기도 한다. 말씀과 삶의 연관성을 열심히 찾아보라. 그 본문이 당신이 현재 다루고 있는 어떤 인간관계에 대해 말할 수 있다. 텍스트를 통해 감동을 받을 수도 있다. 이 텍스트가 삶과 만나는 지점은 어디인가? 이와 같은 삶과의 연관성은 매우 중요하다. 이런 면에서 렉시오 디비나는 거룩한 삶을 증진시키는 데 상당히 기여할 수 있다. 묵상하는 중에 혹시 행동하라는 음성을 듣지는 않았는가? 그렇다면 실천할 계획을 세우라. 묵상을 통해 받은 감명을 실제 행동으로 옮기는 것이 중요하다. 그렇지 않으면 당신의 마음이 굳어지기 시작할 것이다.

묵상을 돕는 다른 행습도 많이 있다.[9] 어떤 사람은 세탁기에 옷을 넣듯이 시간을 정해놓고 성경을 머릿속에 끼워 넣는다. 시작할 때 알람을 5분에 맞춰놓고, 하나님께 그 본문과 함께 그분 앞에 앉아 있다고 아뢴 다음 시간이 다 될 때까지 그분의 말씀을 듣고 그분의 행

렉시오 디비나
거룩한 독서의 모든 것

동을 받을 준비를 갖추는 것이다. 이렇게 하면 줄곧 "내가 충분히 오랫동안 묵상했는가?"라고 자문할 필요가 없다.

묵상하는 동안 딴 생각이 들 때 그것을 다루는 전략도 도움이 된다. 이미 오랜 세월에 걸쳐 그리스도인들이 이 문제에 대해 글을 쓰고 논의한 것을 보면 전혀 새로운 현상이 아니다. '우유 마시는 것을 잊지마'라든가 '엄마에게 전화해'와 같은 평범한 생각에 대비해 기도와 묵상 시간에는 종이를 한 장 준비하는 것이 좋다. 그런 것은 적어두면 금방 잊혀질 것이다. 부정적인 생각은 다루기가 더 어렵다. 딴 생각이 계속 들면 자기를 비난하지 말고 그냥 성경 본문으로 방향을 바꾸어보라. 당신 자신에게 온유할 필요가 있다. 당신은 지금 하나님 앞에 앉아 있으므로 그분이 지도하고 바로잡아주심을 믿으라. 당신의 역할은 최대한 빨리 영적인 작업으로 되돌아가는 것이다.

오랜 세월 동안 많은 그리스도인은 그들의 호흡, 그리고 그 숨을 주시는 하나님께 주의를 기울여 몇 번의 호흡을 묵상의 일부로 삼는 것이 유익하다는 걸 발견했다. 이 지혜는 습관 형성의 본질에서 나온다. 당신의 호흡은 늘 거기에 있을 테지만 묵상 행위의 흐름과 주제는 언제나 변할 것이다. 그래서 당신이 방해를 받을 때 당신의 호흡으로 되돌아가는 훈련을 하면, 당신은 한결같은 호흡에 초점을 맞추고 곧 묵상으로 되돌아갈 수 있다. 호흡은 참으로 놀라운 닻과 같은 역할을 한다.

어떤 사람은 호흡에 주목하라는 소리를 듣고 놀랄지도 모른다. 하지만 그것은 지극히 자연스러운 활동이다. 우리는 하루에도 여러 번 상황에 따라 우리의 호흡을 바꾼다. 열심히 계단을 올라갈 때, 무언가를 무서워할 때, 기온이 급변할 때, 또는 우리 자신을 진정시킬 때 호흡이 각각 다르다. 이 호흡 중 일부는 무의식적으로 일어나지만 그런 경우에도 우리는 여전히 호흡에 주의를 기울이고 있다. 운동선수는 의식적으로 호흡에 주목한다.

우리는 호흡을 안정화 전략과, 하나님에 대한 의식을 증진하는 방법으로 활용할 수 있다. 기독교 초기부터 여러 저자가 우리의 호흡에 주목하는 것이 하나님을 더 유념할 수 있는 방법이라고 추천했다.[10] 왜 그럴까? 첫째, 당신의 호흡에 주목하면 온갖 생각과 계략과 염려에서 벗어나 현 순간에 집중할 수 있다. 하나님과의 만남은 현 순간에 일어나는 일이다.

둘째, 성경에서 성령과 호흡은 밀접한 관계가 있다. 영(spirit)으로 번역되는 히브리어와 그리스어 단어는 일차적으로 '숨'이란 뜻을 갖고 있다. 이 영과 숨의 관계는 예수께서 제자들에게 성령을 주셨을 때 분명히 나타났다. "이 말씀을 하시고 그들을 향하사 숨을 내쉬며 이르시되, '성령을 받으라'"(요 20:22). 우리의 폐가 공기로 가득 차듯이 우리도 성령을 흡입할 수 있다. 바울은 독자들에게 "성령으로 충만함을 받으라"(엡 5:18)고 권면한다.

셋째, 우리의 생명은 하나님의 선물이다. 성경 저자들은 모든 호흡을 하나님의 선물로 본다. 이를테면, "하나님의 영이 나를 지으셨고 전능자의 기운이 나를 살리시느니라"(욥 33:4). 잠깐 멈추고 세 차례의 호흡만 주시해도 생명을 의식할 수 있다. 바로 하나님이 인간을 창조하실 때 맨 처음 주신 생명이다. "여호와 하나님이 땅의 흙으로 사람을 지으시고 생기를 그 코에 불어넣으시니 사람이 생령이 되니라"(창 2:7).

그런즉 렉시오 디비나에서 당신의 생각이 방황할 때 스스로를 꾸짖지 말라. 그냥 당신의 호흡을 주시하라. 몇 차례 호흡하면서 스스로에게 이렇게 말해보라. "여기에 내가 살아 있다. 하나님이 내게 생명을 주셨다. 하나님의 영이 나와 함께 계신다." 그리고는 다시 묵상 행위로 돌아가라.

우리는 이번 장을 염려와 같은 무의식적으로 일어나는 묵상에 대해 이야기하며 시작했다. 그것은 우리의 생각이 과거의 상처를 재연하거나 정욕을 품거나 두려움을 갖고 노는 것과 같은 경우다. 하지만 의도적인 성경 묵상을 통해 저절로 생기는 부정적인 생각의 힘을 약화시킬 수 있다. 성경의 진리를 묵상하는 일은 우리를 치유해주고

(성경의 약속과 소망과 진리들이 우리 존재 속에 자리 잡는다) 우리는 불건전한 생각이 아닌 생명의 진리에 대한 생각으로 전환하는 습관을 개발한다. 이런 식으로 우리는 묵상하는 내용에서 유익을 얻는다. 하지만 묵상 과정에서도 유익을 얻는다. 이를테면, 우리가 성경에 집중하는 법을 배움으로써 무의식적으로 떠오르는 생각을 무시하고 원하는 생각에 초점을 두는 기술을 연마하는 것이다.

우리가 어떤 책을 펼 때는 거기서 무엇을 기대하는지에 따라 많은 것이 달라진다. 우리는 책에서 조리법이나 아름다운 시, 또는 박물관을 찾아가는 길 등 다양한 것을 기대한다. 책마다 담고 있는 내용이 다르므로 그 책에는 없는 엉뚱한 내용을 찾는 것은 헛수고일 뿐이다. 시편 기자는 성경 말씀을 "금 곧 많은 순금"으로 묘사한다(시 19:10). 사람들이 성경에서 그런 귀한 것을 찾지 못하는 이유는 엉뚱한 것을 찾기 때문일지도 모른다. 어쩌면 소중한 것을 얻기 위해 충분한 시간을 들이지 않기 때문일지도 모른다. 금을 캐려면 상당한 노력이 필요하다. 이것이 단순한 읽기와 묵상의 차이점이다. 우리가 하나님의 말씀을 전심으로 묵상할 수만 있다면 얼마나 좋을까!

묵상 질문

1. 잠시 하루를 되돌아보며 가장 자주 떠오른 생각들을 열거해보라. 그 목록이 바로 당신이 자연스럽게 묵상하는 주제들이다.

2. 당신의 묵상은 되새김질과 뼈를 갉아먹는 것 중 어느 이미지에 더 가까운가? 왜 그런가?

3. 당신이 설교자라면, 이제까지 읽은 내용을 바탕으로 어떻게 설교를 준비할 수 있겠는가?

4. 묵상의 세 가지 단계를 속도 늦추기, 말씀을 섭취하기, 말씀을 들고 가기 등으로 정리했다. 각 단계를 당신은 어떻게 실천하겠는가?

제안

성경의 한 단락을 택하여 그 본문을 두어 차례 읽으라. 이제 그 본문을 묵상하는 일에 당신의 전인을 개입시키라. 당신의 몸과 상상력, 감정, 탐구 정신을 모두 동원해보라. 일주일 동안 날마다 동일한 본문을 묵상하되 매일 새롭게 접근해보라. 다양한 방법으로 묵상할 때마다 그 본문을 어떻게 새롭게 경험하게 되는가?

렉시오 디비나
거룩한 독서의 모든 것

6.
기도
하기

성결 운동 지도자인 피비 파머(Phoebe Palmer, 1807-1874)는 절망적이었다. 때는 1836년 7월 29일, 그녀의 아기를 돌보던 보모가 아기 침대 커튼 옆에서 램프를 켜다가 그만 불이 나고 말았다. 보모가 비명을 질러 피비가 달려가 보니 아기가 불길에 휩싸여 있었다. 곧바로 아기를 불길에서 끌어냈으나 아기는 곧 숨을 거두고 말았다. 피비는 하나님과 함께 있기 위해 자기 방으로 물러갔다. 그리고 훗날 그날을 이렇게 회고했다.

내 영혼이 고뇌에 빠져 "아, 난 어떻게 하나!" 하고 울부짖었다. 그때 이런 대답이 돌아왔다. "잠잠하라. 너는 내가 하나님인 줄 알라." 나는 그

귀중한 말씀을 받아들이고 "저에게 이 시련의 교훈을 가르치소서" 하고 부르짖었다. 그리고 성경을 펴자 내 눈에 들어온 말씀은 이런 내용이었다. "깊도다 하나님의 지혜와 지식의 풍성함이여, 그의 판단은 헤아리지 못할 것이며 그의 길은 찾지 못할 것이로다."[1]

그와 같은 하나님의 인도를 계기로 그녀는 스스로를 재검토하는 중대한 해를 보냈고, 그것이 기초가 되어 훗날 훌륭한 기독교 지도자로 우뚝 설 수 있었다.

기도란 무엇인가? 도움을 요청하는 피비 파머의 부르짖음은 간구의 기도였다. '기도하다'라는 용어는 흔히 평범한 간구를 연상시킨다. 민사소송에서 원고가 판결을 요청하듯이, 우리 그리스도인들도 기도할 때 하나님께 일련의 간구를 하게 된다. 하지만 기도에는 간구 이상의 요소가 포함되어 있다.

바울은 에베소서 6장 18절에서 "온갖 기도"(표준새번역)에 대해 말했고, 구체적으로는 정부 관리들과 관련하여 "기도와 간구와 중보기도와 감사 기도"(표준새번역)를 드리라고 권했다(딤전 2:1). 예수님은 기도를 가르쳐달라는 제자들의 부탁을 받고 기도의 모델을 제공하셨는데, 거기에는 경배와 양도, 간구, 고백, 구해달라는 부르짖음이 포함되어 있었다(눅 11:2-4). 그리고 시편에는 물론 평온한 마음(시 131)

렉시오 디비나
거룩한 독서의 모든 것

에서 거침없는 찬송(시 100)과 분노에 찬 불평(시 13)에 이르기까지 모든 것이 들어 있다. 그리스도인의 기도는 실로 인간 삶의 모든 면과 기분을 소통하는 행위다.

말하자면, 기도는 말하기와 듣기와 그 사이의 여백으로 이뤄진 하나님과의 의사소통이다.[21] 사람과의 의사소통에 몸짓과 기분, 말투, 기다림, 상호관계에 대한 인식 등이 포함되듯이, 인격적이신 하나님과의 의사소통에도 비슷한 요소들이 내포되어 있다. 우리는 성경을 펴기 전에 하나님께 성령의 조명을 부탁해도 좋다. 성경을 펼치기 전에 어느 대목을 읽을지 감지하기 위해 성령께 귀 기울이는 것도 좋다. 본문의 한 어구를 선택해 하나님께 말씀드리는 것도 좋다. 우리는 본문이 다루는 이슈와 관련해 하나님과의 긴장관계를 느껴서 읽기를 주저할 수도 있다. 또는 어느 어구와 함께 고요히 기다리며 듣기와 말하기 사이의 사랑스러운 여백에 주목할 수도 있다. 우리가 바보든 회의주의자든 학자든 상관없이, 기도란 우리와 성경 간의 상호작용이 이뤄지는 관계중심의 장소이다.

우리는 위기에 빠지면 피비처럼 울부짖는 기도를 드리며 성경으로 눈을 돌린다. 기도와 성경, 이 둘은 거듭해서 융합된다. "우리는 기도로 하나님께 아뢰고 성경을 통해 하나님께 귀 기울인다"는 오랜 금언은 하나님과의 소통에서 이 양자를 묶는 것이 얼마나 중요한지를 말해준다. 읽기와 묵상과 기도는 자연스러운 순서로 서로 연결되어 있다. 예컨대, 역사가인 찰스 햄브릭-스토(Charles Hambrick-Stoew)는 미국 청교도의 행습을 이렇게 묘사했다.

은밀한 신앙적 행습을 보면, 특히 이른 아침이나 잠자기 직전, 안식일의 정오나 금식하는 날들, 안식일을 준비하는 토요일에 개개인이 [성경을] 읽고 나서 기도하기 전에 묵상하는 것을 바람직하게 여겼다. 묵상은 읽은 본문에서 종종 발생하는 중요한 활동인 만큼 읽기의 자연스러운 결과였다. 묵상은 신자가 필기시험을 영혼에 적용하는 행위였다. 이어서 성도가 하나님과의 대화 속으로 들어갔기 때문에 묵상은 기도와 연계되어 있었다.[31]

기도와 묵상과 성경의 관계를 이런 식으로 생각하는 것은 무척 자연스럽다. 하지만 렉시오 디비나와 다양한 기도 둘 다를 가장 잘 이해하려면, 기도를 대화의 절반 내지는 한순간으로 보는 게 아니라 거룩한 독서의 매 순간(읽기 전과 읽는 도중과 읽은 후)과 긴밀하게 연결된 것, 즉 렉시오 디비나가 몸담은 '집'으로 보는 편이 낫다. 그런데 기도를 이렇게 보려면 먼저 기도가 무엇인지 간략하게 살펴보아야 한다.

읽고 묵상하기 이전의 기도

기도와 읽기 또는 기도와 묵상하기의 관계를 잘 보여주는 것은 텍스트를 읽기 전에 성령의 도우심을 구하는 부르짖음이다. 절망에 빠진 피비 파머는 방에 들어가서 성경을 펴놓고 하나님의 도우심을 간절히 구했다. 우리가 읽는 텍스트를 이해하기 위해서도 도움이 필요하다. 그래서 마르틴 루터는 기도가 좋은 신학의 첫 걸음이라고 주장했던 것이다.

먼저 성경은 다른 모든 책의 지혜를 어리석음으로 바꾸는 책이란 것을 당신이 알아야 한다. 이 책 말고는 그 어떤 책도 영원한 생명에 관해 가르치지 않기 때문이다. 그러므로 당신은 당장 당신의 이성과 지식에 대해 절망해야 한다.…그러나 당신의 작은 방에서 무릎을 꿇고 겸손하고 진지하게 하나님께 그 사랑하는 아들을 통해 성령을 달라고 기도하면, 성령이 당신을 깨우치고 인도하고 당신에게 명철을 주실 것이다.[4]

이처럼 성경을 읽고 묵상하기 이전에 성령의 조명을 간구하는 일도 중요하지만, 여기서 한 걸음 더 나아가라고 권하고 싶다. 성경을 읽기 전의 순간을, 하나님 앞에 당신 자신을 내려놓고, 당신이 누군지를 고백하고, 당신에게 필요한 구체적인 인도를 간구하는 기회로 삼으라.

우리는 3장에서 하나님보다는 세상에 더 순응하는 생각을 품고 분열된 마음으로 하나님(과 성경)에게 나아간다는 것을 배웠다. 이처럼 세상에 순응하는 방식은 성경을 읽는 방식과 우리가 텍스트에서 '무엇을 보는지'에 영향을 준다. 따라서 거룩한 독서를 시작하는 시점에 우리의 관점과 상황과 의문을 하나님과 텍스트 앞에 솔직하게 내려놓고, 그 텍스트를 읽는 '내'가 그 말씀에 의해 변화되도록 마음을 열어놓는 게 지혜로운 태도다.

이를테면, 내가 오늘 본문을 잠깐 살펴보니 한 선지자가 이스라엘에 대한 하나님의 심판을 선포하는 내용이었다. 이런 본문을 예전에도 읽은 적이 있으나 제대로 '이해하지는' 못했다. 거기에 나오는 하나님이 내게는 잔인한 분으로 보였다. 그래서 오늘 나는 이런 기도를 드리며 경건의 시간을 시작한다. "하나님, 저는 당신이 만물의 창조주, 하나님이심을 압니다. 당신은 이 책을 통해 당신의 이야기를 들려주시는 분이시라는 것과, 당신의 영이 그것을 깨닫게 해주신다는 것을 믿습니다. 그러나 당신이 심판을 통해 행하려 하시는 일을 저는 좋아하지 않습니다. 그것이 마음에 걸립니다. 당신은 제가 전쟁 기간에 끔찍한 폭력을 체험했다는 사실을 알고 계십니다. 그리

렉시오 디비나
거룩한 독서의 모든 것

고 사람들은 그것을 하나님의 심판이라 불렀습니다. 저로서는 도무지 이해할 수 없습니다. 이 이슈를 핑계로 삼아 당신을 믿지(또는 따르지) 않겠다는 말은 아닙니다. 저는 진심으로 당신을 이해하고 싶습니다. 이 본문에 나오는 당신의 이미지가 당신의 사랑과 용서를 말하는 다른 본문들과 어떤 관계에 있는지 가르쳐주십시오. 당신이 지금 여기서 저에게 보여주실 수도 있고, 더 많은 시간과 독서와 묵상이 필요할 수도 있다는 것을 압니다. 아멘." 성경을 읽기 전에 드리는 이런 기도를 보면, 하나님과의 소통에 내포되는 모든 요소, 즉 말하기와 듣기, 그 사이의 여백이 처음부터 하나님 앞에 펼쳐지는 것을 알 수 있다.

읽고 묵상하는 중에 드리는 기도

우리는 성경을 읽고 묵상하는 중에도 기도할 수 있다. 당신이 디모데전서 1장을 읽고 있다고 상상해보라. 바울이 그리스도 안에서 변화된 이야기를 읽은 후 17절에서 이런 내용에 부딪힌다. "영원하신 왕 곧 썩지 아니하고 보이지 아니하고 홀로 하나이신 하나님께 존귀와 영광이 영원무궁하도록 있을지어다 아멘." 또는 예레미야의 예언들을 죽 읽다가 12장 1절에 도달한다. "여호와여 내가 주와 변론할 때에는 주께서 의로우시니이다 그러나 내가 주께 질문하옵나니." 또는 바울이 빌립보 교인들에게 쓴 편지를 읽기 시작하다가 1장 9절에 나오는 바울의 기도를 듣는다. "내가 기도하노라 너희 사랑을 지식과 모든 총명으로 점점 더 풍성하게 하사."

성경에는 수많은 기도문이 나온다. 우리가 이런 기도를 취해서 우리 자신의 기도로 하나님께 올려드리는 것은 무척 자연스러운 일이다. 그런즉 당신은 이렇게 기도해도 좋다. "주님, 노숙자에게 음식을 대접하는 일을 자원해서 하는 내 친구들의 사랑이 점점 더 풍성해지게 하옵소서. 일요일에 그들이 지난 주간은 정말로 힘들었다고 내게 말했습니다. 어느 날은 싸움까지 일어났다고 합니다. 하나님, 그런 와중에서도 그들에게 넘치는 사랑을 부어주옵소서. 그들의 사랑에 지식과 총명이 흘러넘치게 더하여 주옵소서. 감당할 수 없는 상황에 직면할 때 그들에게 지혜를 주옵소서. 그들이 함께 일하는 사람들의 마음을 꿰뚫어보게 도와주시고, 음식을 먹으러 오는 사람들을 참으로 알게 되도록 도와주소서. 아멘."

베네딕트 수도회의 대주교인 마리아노 마그라시(Mariano Magrassi)는 이렇게 말한다. "우리가 할 일은 읽고 경청하고 반추하는 것뿐이다. 그 말씀을 우리의 생각과 사랑과 삶으로 가득 채운 후 우리는 하나님이 우리에게 말씀하신 것을 그분에게 반복한다. 그 말씀(the Word)은 우리 경청의 센터일 뿐만 아니라 우리 반응의 센터이기도 하다."[5]

기도문이 아닌 단락도 다양한 종류의 기도로 바꿀 수 있다. 예를 들면, 마태복음 5장 6-9절에 나오는 팔복을 간구와 고백과 감사의 기도 모음으로 만들 수 있다. "하나님, 저는 제 삶의 영역과 이 세상에서 의에 굶주리고 목마를 때가 종종 있습니다. 제 마음 속에 이런 갈망을 불러일으켜 주셔서 감사합니다. 하지만 때때로 저는 하나님이 원치 않으시는 현상이 일어나는 것을 보고 고통과 슬픔을 느낍니다. 솔직히 말씀드리면, 당신이 그 다음 절에서 '자비로운 자는 복이 있다'고 말씀하시지만 저는 신랄해져서 남을 판단할 때가 많습니다. 주님, 마음이 청결해지고 싶습니다. 진심입니다. 저를 당신의 영으로 채우셔서 제 불결한 마음이 아닌, 당신에 의해 제 삶이 좌우되게 하십시오. 아버지, 그리고 화평케 하는 문제에 대해서는, 어제 사이가 좋지 않은 커플을 도울 기회를 주셔서 너무도 감사합니다. 그들에게 좋은 일이 일어난 것 같습니다. 저는 화평케 하는 역할을 할 기회가 많지 않은데, 실제로 해보니 정말 기분이 좋습니다. 그 만남을 기억하면 당신이 저를 하나님의 자녀로 부르신다는 느낌이 듭니다. 아멘."

온갖 방식으로 우리는 성경의 언어를 사용하여 하나님께 드릴 말씀을 만들 수 있다. 영국 엑서터의 주교인 에드워드 비커스테스는 이렇게 말했다. "그리스도인들은 자기가 읽는 내용을 끊임없이 기도나 찬송으로 바꿈으로써 적지 않은 유익을 얻을 수 있다. 이렇게 하면 성경의 가르침이 그들의 뇌리에 새겨지고, 그들의 마음도 그 가르침의 실천에 더욱 관여하게 되기 때문이다."[6]

하나님께 드리는 말뿐만 아니라 우리의 듣기, 그리고 듣기와 말하기 사이의 여백에 대한 경험도 성경 읽기의 영향을 받을 수 있다. 읽는 중에도 그럴 수 있다. 당신이 물 위를 걷는 베드로 이야기를 반쯤 읽다가 잠시 멈춘다. 예수께서 "왜 네가 의심하였느냐?" 하고 물으신다. 당신의 마음에 무언가 느껴진다. 약간의 자극을 받는다. 그 어구가 당신에게 말한다. 당신은 그 말씀을 다시 경청한다. 이번에는 강조점이 조금 바뀐다. "왜 네가 의심하였느냐?" 이제 앉아서 과거에 당신이 의심했던 내력과 그 특성을 돌이켜보되 그런 느낌이 사라질 때까지 그렇게 한다. 1, 2분밖에 안 걸릴지도 모른다. 어쩌면 더 길어질 수도 있다. 그리고는 다시 본문으로 돌아가서 그 다음 내용을 읽기 시작한다.

우리가 하나님의 음성을 들을 수 있는 또 다른 방법은 우리의 지성과 마음, 몸과 상상력을 열심히 활용하는 것이다. 로마서에 나오

렉시오 디비나
거룩한 독서의 모든 것

는 바울의 논리 구조를 공식적으로 요약할 때, 요시야 왕이 율법을 발견하고 흥분하는 모습(왕하 22장)을 상상할 때, 또는 어느 시편을 몸과 음성으로 암송할 때는 각각 그 영적 뉘앙스가 다르다. 이는 텍스트 읽기나 공부하기, 또는 기도하기의 문제에 그치지 않는다. 우리는 성경과 상호작용을 하는 다양한 방법을 활용함으로써 그 저자인 하나님의 음성의 다양한 면을 알아챈다(듣는다).

성경을 읽는 것과 성경으로 기도하는 것이 나란히 병행함을 보여주는 예는 얼마든지 들 수 있다.[7] 우리는 성경의 언어로 하나님께 말씀드린다. 우리는 텍스트를 통해 하나님의 영에 귀를 기울인다. 우리는 성경과 교류할 때, 우리가 하나님 앞에 있고 하나님이 내 앞에 계시다는 것을 생생하게 느끼게 된다. 지금까지 우리가 몇 가지 제안을 한 만큼 이제 당신이 나름대로 생각해서 실험을 하길 바란다. 하나님이 분명 기뻐하실 것이다.

읽고 묵상한 뒤에 드리는 기도

기도는 거룩한 독서를 시작할 때나 그 도중에 하나님 앞에 나아가는 통로일 뿐 아니라 성경 읽기와 묵상으로부터 자연스레 흘러나오는 것이기도 하다. 우리는 4장에서 다음과 같은 필립 도드리지의 말을 들은 바 있다. "만일 당신이 성경을 펼쳐놓은 채 그 요지를 놓고 기도하면, 그것이 당신의 기억에 새겨지고 당신의 마음에 깊이 각인되며, 당신의 생각과 말투 등 다양한 면에 영향을 줄 것이다."[8] 우리가 읽는 내용, 그리고 묵상 중에 생각하고 경험하는 것은 결국 기도로 표현되기 마련이다.

성경을 읽고 묵상한 뒤에 기도하는 것은 이런 모습을 띨 수 있다. 본문에 나오는 어떤 내용에 감동을 받은 나머지 우리가 거기서 들은 것에 어떻게 순종할 수 있는지, 본문이 말하는 것을 어떻게 따를 수 있는지 인도해달라고 하나님께 기도드리는 모습이다. 예컨대, 중세 학자였던 성 빅토르의 휴(Hugh of St. Victor, 1142년 사망)는 읽기(lectio), 묵상하기(meditatio), 기도하기(oratio)가 행동하기(operatio)로 이어지고 마침내 관조하기(contemplatio)로 끝나는 진행과정을 묘사했다. 휴는 묵상의 기능이 성경의 뜻과 관련해 지혜나 '권고'를 제시하는 것이라고 생각했다. 그렇다면 기도는 성경의 뜻에 대한 이해와 우리의 구체적인 실천을 잇는 고리를 제공한다.

더 나아가, 사람의 권고가 하나님의 도움 없이는 약하고 비효과적인 만큼, 당신 자신을 깨워 기도하게 하고 그분의 도움을 구하라. 하나님 없이는 그 어떤 선한 일도 이룰 수 없기 때문이다. 그리하여 당신보다 앞서 가는 그분의 은혜로 깨달음을 얻고, 당신이 평화의 길을 걸을 때 그분의 인도를 받도록 하라. 그러면 아직 당신의 의지 속에만 있는 것을 그분이 끌어내어 선한 행위로 열매 맺게 하실 것이다.[9]

그런데 성경을 읽은 후의 기도는 단지 '할 일을 물어보는' 간구에 불과하지 않다. 그것은 또한 우리가 읽고 묵상하는 동안 경험한 하나님의 사역이 낳는 결과다. 어떤 경우에는 우리가 텍스트를 읽을 때 특정한 행동으로 귀결되지 않고 성령의 사역을 받는 수령자의 입장에 서게 된다. 때로는 치유를 받은 느낌이 들거나, 하나님의 사랑의 음성을 듣거나, 읽은 내용 때문에 흔들리고 도전을 받는다. 이런 경우 기도는 우리의 경험을 입으로 표현하는 것이고, 우리를 하나님과의 더욱 친밀한 관계로 나아가게 만든다.

성 빅토르의 휴가 죽은 후 귀고 2세(Guigo II, 1188년경 사망)가 *The Ladder of Monks*(수도승의 사다리)란 책을 썼다. 귀고의 "사다리"는 읽기에서 묵상과 기도를 거쳐 관조에서 완성된다. 그래서 기도는 묵상과 관조를 잇는 다리 역할을 한다. 읽기와 묵상에서 움튼 하나님을 향한 갈망이 기도로 더욱 발전하여 마침내 하나님에 대한 관조적 비전으로 성취된다. 그는 이렇게 기도한다.

저는 읽기와 묵상을 통해 마음의 참된 순결이 무엇인지, 그리고 어떻게 그것을 가질 수 있는지 알고 싶습니다. 그래서 당신을 조금이라도 알기 원합니다. 주님, 저는 당신의 얼굴을 보고 싶어서 오래도록 마음속으로 묵상했습니다. 제가 이제껏 구한 것은 당신을 보는 일입니다. 그리고 제가 묵상하는 동안에 갈망의 불길이, 당신을 온전히 알고 싶은 욕구가 더 강해졌습니다. 당신이 저를 위해 거룩한 성경의 떡을 떼실 때, 당신은 떡을 떼는 행위를 통해 저에게 당신 자신을 보여주셨습니다. 저는 당신을 보면 볼수록 당신을 보기를 더욱 갈망하며, 이제는 문자의 껍데기를 통해 밖에서 보는 게 아니라 문자의 숨은 의미를 통해 안에서 당신을 보기를 원합니다. 주님, 제가 이것을 간구하는 것은 제 공로 때문이 아니라 당신의 자비 때문입니다. 저 역시 "개들도 제 주인의 상에서 떨어지는 부스러기를 먹나이다"라고 말했던 여인처럼 보잘것없는 존재로서 저의 죄를 고백합니다. 그러므로 주님, 저에게 물려주고 싶은 것의 징표를 주시고, 적어도 갈증을 풀 수 있는 하늘의 비 한 방울이라도 내려주십시오. 저는 사랑으로 불타고 있습니다.[10]

당신이 성경을 읽고 묵상할 때 하나님의 영이 당신의 마음에 씨를 심으실지 모른다. 그것은 행동의 씨앗, 갈망의 씨앗, 슬픔의 씨앗, 치유의 씨앗, 또는 다른 어떤 씨앗일 수 있다. 아마 당신은 거룩한 독서

렉시오 디비나
거룩한 독서의 모든 것

그룹의 일원이거나 거룩한 장소에 홀로 있을 것이다. 당신은 혼자 있든 회중의 일원이든 상관없이 그 씨앗을 알아본다. 그리고 다음과 같은 야고보의 지시를 따른다. "너희 영혼을 능히 구원할 바 마음에 심어진 말씀을 온유함으로 받으라"(약 1:21). 어쩌면 당신 인생은 밑바닥이 무너져 상상도 못했던 이혼 문제에 직면하고 있을지 모른다. 그 와중에 당신은 다음 구절을 읽는다. "내 사랑 너는 어여쁘고도 어여쁘다"(아 4:1). 당신은 그 문맥의 뜻을 알고 있으며, 그 구절은 하나님이 당신에게 하신 말씀이 된다. 그 말씀이 당신의 마음속에 심겨진 듯하다. 당신은 이제 어려움이 닥치면 그 말씀을 생각한다. 그것은 한 줄기의 빛과 같고 당신에게 확신을 준다. 당신은 그 말씀을 온유하게 영접하고 그로 인해 안심하며 바른 자세를 취한다.

말씀을 읽고 묵상한 뒤에 드리는 기도는 이 씨앗을 알아보고 물을 준다. 그 씨앗이 자라면 무엇이 될지 누가 알겠는가. 기도는 우리가 듣는 내용, 우리가 할 말, 우리와 하나님의 관계에서 일어나고 있는 일을 목소리로 표현하는 것이다. 작가인 바실 페닝턴(Basil Pennington)은 우리가 날마다 읽는 본문에서 '생명의 말씀'을 선정하여 지니고 다니면서 하루 동안 기회가 있을 때마다 그 말씀을 묵상하라고 제안한다. 이것은 묵상 이후의 기도인가, 아니면 기도 이후의 묵상인가? 이런 질문은 불필요한 듯하다. 중요한 것은 성경을 통해 우리와 하나님의 관계가 더욱 발전하는 일이다.

기도는 렉시오 디비나가 몸담은 집이다

기도는 우리가 성경 묵상을 하는 동안, 또는 그 전후에 하나님께 드리는 말씀 이상의 것이다. 하나님과의 의사소통인 기도는 렉시오 디비나가 몸담은 집이다. 이 집의 재료는 참으로 풍부하고 다양하다. 오늘날 어떤 집들은 이색적으로 보인다. 눈에 보이지는 않지만 그 탄탄한 기초는 굴복이다. 기도는 말이기 전에 하나의 몸짓이다. 굴복의 제스처다. 헨리 나우웬은 "기도한다는 것은 우리의 손을 하나님 앞에 펴는 것을 의미한다"고 썼다.[11] 기도는 우리의 무력감에서 태어난다. 우리는 우리에게 부족한 것을 받으려고 손을 펴고, 그것을 오직 선물로만 받을 수 있다는 것을 안다. 굴복의 표시로 편 손은 어떤 모습일까? 다음 네 단어가 이 자세, 즉 깨어짐과 축복, 수용, 고요함을 묘사한다.

깨어짐

깨어진 사람은 살기 위해 산소가 필요한 만큼이나 하나님의 은혜가 필요하다는 것을 알고 있다. 낙관적인 깨어짐, 즉 은혜의 능력에는 낙관적이고 우리의 동기와 변덕에 대해서는 신중한 태도가 기도에 필요한 자세이다. 예수님은 우리가 유능하다는 생각에 대해 죽지 않으면 그분의 나라에서 꽃을 피울 수 없다고 말씀하신다. "내가 진실로 진실로 너희에게 이르노니 한 알의 밀이 땅에 떨어져 죽지 아니하면 한 알 그대로 있고 죽으면 많은 열매를 맺느니라"(요 12:24). 노르웨이의 신학자인 오 할레스비(O. Hallesby)는 "친구여, 들어보라! 당신의 무력함이 최상의 기도이다"라고 썼다.[12] 우리의 연약함, 우리의 무력함, 우리의 깨어짐, 원하는 대로 변할 수 없는 우리의 무능함이 바로 기도의 몸짓이다. 이제는 기도를 시작할 때 당신의 부족함을 상징하기 위해 손을 편 채 앉으라.

축복

그리스도인에게 본보기로 주신 예수님의 기도는 "하늘에 계신 우리 아버지"라는 말과 함께 시작된다. 우리는 무력한 상태지만 사랑받은 자녀로서 사랑 많은 아버지 앞에 있다. 이 사랑과 하나님의 축복을 확신하는 가운데 우리는 "긍휼하심을 받고 때를 따라 돕는 은혜를 얻기 위하여 은혜의 보좌 앞에 담대히 나아갈" 수 있다(히 4:16). 우리는 "나는 용납을 받았다"고 말하며 기도하는데, 이는 우리가 식

탁의 한 자리를 차지하려면 공로를 세워야 하는 영적 고아가 아니라 사랑받는 자녀임을 상기시켜준다.

수용

우리는 무언가 받을 것을 간절히 기대하며 나아간다. 성경 읽기와 공부는 텍스트의 뜻을 끌어내기 위해 심사숙고하며 열심히 일하는 행위지만 그 바탕에는 온유하고 수용적인 정신이 있어야 한다. 우리는 요셉처럼 "해석은 하나님께 있지 아니하니이까?"하고 말한다(창 40:8). 물론 고민하고 의아해할 때도 있지만, 하나님의 지시와 가장 중요한 것을 지적하는 그분의 소리를 듣기 위해 항상 귀를 쫑긋 세운다. 성경을 읽을 때 우리는 "성경은 능히 너로 하여금 그리스도 예수 안에 있는 믿음으로 말미암아 구원에 이르는 지혜가 있게 하느니라"(딤후 3:15)는 말씀의 뜻을 안다. 그래서 시작에 앞서 "말씀하옵소서 주의 종이 듣겠나이다"(삼상 3:10)라고 말하는 것이다.

고요함

우리의 생각은 염려와 우려로 소란스러워질 때가 많다. 다수의 사람은 저절로 떠오르는 부정적인 생각에 신경 쓰느라 우리를 긍정하시는 주님의 말씀을 듣지 못한다. "우리는 우리의 참된 정체성, 우리의 진정한 자아를 발견하기 위해 결국 우리를 긍정하시는 하나님 아버지께로 돌아가야 한다. 그분은 긍정적인 말씀을 보내어 부정적인 마음을 치유하신다. 그리고 우리는 이것을 받아야 한다."[13] 이사야는 하나님의 백성이 조용하게 나아가지 못하기 때문에 영적으로 핍절한 상태에 있게 된다고 말했다. "너희가 돌이켜 조용히 있어야 구원을 얻을 것이요 잠잠하고 신뢰하여야 힘을 얻을 것이거늘 너희가 원하지 아니하고"(사 30:15).

마음을 잠잠하게 하라는 말은 뇌의 작동을 멈추라는 뜻이 아니라 가급적이면 우리를 산만하게 하는 것과 염려, 부정적인 생각에 주목하지 말라는 뜻이다. 그렇게 하려면 훈련이 필요한데 다음 두 가지 방법이 무척 효과적이다. 첫째, 앞에서 말했듯이 기도하는 동안 머리에 떠오르는 생각을 기록하는 것이다. 둘째, 현 순간으로 돌아와 마음을 진정시키는 것이다. 하나님은 상상과 공상의 세계가 아니라 현재의 순간에 그분의 말씀 안에서 발견할 수 있는 분이다.

현재의 순간으로 들어간다는 말이 무슨 뜻일까? 예컨대, 당신이 앉기 전에 천천히 기도하는 마음으로 걸으면서 당신 자신을 현재의 순간에 데려오라. 당신의 걸음걸이를 주시하고, 당신의 생각이 방황할 때는 부드럽게 그 생각을 붙잡아 걷고 있다는 사실로 되돌려라. 앞에서 언급한 것처럼, 당신의 호흡에 주목하고, 어떤 생각이 들면 다시 당신의 호흡으로 방향을 전환하고 읽는 행위를 계속해라. 방황한다고 자신을 꾸짖지 말고 그냥 되돌아오라. 시작할 때 심호흡을 하고 그 기적을 주시하라. 당신이 현재에 조용히 거하고 '우리와 함께하는 하나님'의 임재 안에 머물고 싶다고 말하라.

이 네 가지 몸짓은 기도하는 마음으로 성경을 읽게 해주고 은혜로 충만한 항복의 길을 열어주며, 이는 우리가 성경을 읽을 때 성경이 우리를 읽도록 해준다.

우리는 기도를 수용적인 활동으로 묘사했다. 기도는 하나님 앞에 있는 동시에 하나님께 열심히 부르짖는 활동이며, 심지어는 렉시오 디비나가 몸담은 집이기도 하다. 계시록에 나오는 한 이미지를 생각해보라. 계시록은 성경에서 가장 고무적인 책 중의 하나이고, 우리의 내부 나침판을 재조정하도록 도와주는 책이다. 그리고 하나님의 승리를 기뻐하며 하늘과 영적 실체를 너무도 구체적이고 생생하게 만들어주는 책이다. 계시록 5장 6-8절은 그리스도의 위대함과 그분의 구속사역에 관해 말하고 있다. 이 말씀은 먼저 중요한 두루마리를 펼쳐야 하는데 그것을 펼칠 사람이 아무도 없다는 말로 시작한다. 이 소식을 듣고 요한이 눈물을 흘리다가 유다 지파의 사자가 두루마리를 펼 수 있다는 말을 듣고 큰 격려를 받는다. 그리고는 사자가 아닌 어린 양을 보게 된다. 그 양은 희생된 흔적이 있으나 능력으로 행동할 준비가 되어 있는 양이다. 여기에 '희생을 통한 승리'라는 신약성경의 핵심이 있다.

이제 이 말씀이 기도에 대해 무슨 말을 하는지 주목해보라.

"내가 또 보니 보좌와 네 생물과 장로들 사이에 한 어린 양이 서 있는데 일찍이 죽임을 당한 것 같더라 그에게 일곱 뿔과 일곱 눈이 있으니 이 눈들은 온 땅에 보내심을 받은 하나님의 일곱 영이더라 그 어린 양이 나아와서 보좌에 앉으신 이의 오른손에서 두루마리를 취하시니라 그 두루마리를 취하시매 네 생물과 이십사 장로들이 그 어린 양 앞에 엎드려 각각 거문고와 향이 가득한 금 대접을 가졌으니 이 향은 성도의 기도들이라"
(계 5:6-8).

여기에 하나님이 기도를 받으시는 모습이 있다. 이 이미지는 우리가 기도를 통해 하나님께 나아갈 수 있음을 보여준다. 이는 기도의 가치와 하나님이 우리 기도를 받으시는 장면을 보여준다. 첫째는 접근성이다. 하나님의 백성이 드리는 기도가 우주의 권능의 센터(하늘)로 곧바로 들어간다. 우리 기도가 하늘의 중심에 들어가 하나님께 바쳐지는 장면은 기도를 고무하는 격려의 메시지이다.

우리를 산만하게 하는 것들

조용히 기도할 때면 주의를 산만하게 하는 것들이 생긴다. 산만한 생각이 든다는 사실 자체보다는 그것을 어떻게 다루는지가 더 중요하다. 우리는 당신에게 호기심과 은혜와 훈련으로 접근하라고 권하는 바이다.

많은 사람은 묵상의 시간과 장소를 신중하게 정하는 게 도움이 된다고 말한다. 당신의 '묵상 코너'가 될 만한 장소를 물색하라. 어떤 벤치나 조용한 길, 열차 안 등 일터가 아닌 곳으로, 백일몽을 꿀 수 없는 장소가 좋다. 당신이 한 공간을 챙겨두면 당신의 몸도 기도에 협조할 것이다.

기도 시간이 끝난 뒤에 당신을 산만하게 한 것에 대한 호기심을 발동시켜라. 당신의 기도 시간을 잠시 돌이켜보라. 이번 기도 시간에는 어떤 경험을 했는가? 대체로 할일들이 생각났다면, 다음에는 묵상하기 전에 그런 것을 메모해서 머리에서 깨끗하게 정리하는 게 좋을 것이다. 만일 그 생각에 특정한 주제가 담겨 있다면, 그 주제를 거론할 경우 어떤 반응이 올지를 생각해도 좋을 듯하다. "직업에 관한 염려는 현실적인 문제지만 아무리 생각해도 도움이 된

렉시오 디비나
거룩한 독서의 모든 것

적이 없으니 내 앞에 놓인 진리로 되돌아가겠다"고 말해보라. 당신이 그런 생각에 이름을 붙이면 무슨 일이 벌어지는가? "그건 정욕적인 생각이야", "그건 복수하려는 생각이지", "그건 부정적인 생각이라고." 이처럼 우리를 산만하게 하는 것에 대한 호기심을 발동시키면 그 부정적인 영향을 피할 수 있는 전략을 세우는 게 가능하다.

어떤 생각이 떠올라 당신이 곁길로 빠졌다고 해서 자책하지는 말라. 제자리로 되돌아오면서 스스로에게 은혜를 베풀라. 주의가 산만해지면 기도 생활 자체가 막히는 것처럼 생각할 때가 많다. 그럴 경우 좌절감을 느끼고 스스로를 질책하기 쉽다. 그렇게 하지 말라. 하나님께서 치유의 손길로 함께하셔서 결국 산만한 생각을 가라앉히실 것이라고 믿으라. 그렇지 않으면 그분은 그런 마음 상태에도 불구하고 그분의 일을 수행하실 것이다.

끝으로, 우리는 훈련에 돌입할 수 있다. 헨리 나우웬은 사막의 전통이 지닌 지혜를 잘 포착하고 이렇게 썼다.

홀로 있는 시간이 처음에는 그저 우리의 감춰진 의식의 영역에서 나오는 수많은 생각과 느낌의 폭격을 받는 시간처럼 보일 것이다. 초기 기독교 저자 중의 한 사람은 홀로 드리는 기도의 첫 단계를 마치 수년 동안 문을 열어놓고 살다가 갑자기 문을 닫기로 결정하는 사람의 경험으로 묘사한다. 열린 문을 통해서 그의 집에 쑥 들어가는 데 익숙해진 방문객들은 그의 문을 두드리며 왜 못 들어가게 하는지 의아해한다. 그들은 자기네가 환영받지 못한다는 사실을 알 때에야 서서히 오는 발걸음을 멈춘다. 이것이 그동안 영적 훈련을 별로 받지 않다가 홀로 있는 상태에 들어가기로 한 사람이 겪는 경험이다. 처음에는 주의를 산만하게 하는 것들이 계속 나타난다. 나중에는 점차 산만한 생각들이 당신에게 더 이상 주목을 끌지 못하고 서서히 물러가게 된다.[14]

둘째는 가치이다. 성경 시대에는 금이 가장 귀한 상품이었다. 이 이미지의 뜻을 포착하려면 그 구절을 풀어쓰기만 하면 된다. "그들은 성도들의 기도가 담긴 비닐봉지를 들고 있었다." 당신의 기도는 얼마나 귀한가? 너무도 귀하여 금 대접에 담겨서 하나님 앞으로 전달된다. 여기에 나오는 그리스어 단어는 종교 의식에서 사용된 금 대접을 가리킨다. 예배 때에 사용된 금은 그 박해받은 그리스도인들이 결코 경험하지 못했던 것이다.

셋째는 은혜이다. "향이 가득한 금 대접." 고대 히브리인에게는 향과 예배가 함께 묶여 있었다. 향은 이스라엘 예배의 중심에 있었다. 향은 우리가 공동 예배에서 찬송이나 기도를 중시하는 만큼 중요했다. 해마다 속죄일에 일어났던 일을 생각해보라. 대제사장은 희미한 빛이 비치는 성막에 벌벌 떨면서 들어갔다. 한 손에는 제단에서 가져온 새빨간 숯이 담긴 향로가 있다. 다른 손에는 향이 가득했다. 그가 커튼 뒤로 이동하여 지성소에 들어가 그 향을 숯 위에 놓으면 하나님의 발판인 언약궤 위에 향기로운 구름이 생긴다. 그리하여 하나님이 계신 곳이 아로마 연기로 가려졌던 것이다.

고대 히브리인에게는 이것이 올바른 예배의 모습이다. 성경 전체에서 향은 완전히 성별된 예배 및 기도와 관련이 있다. 향은 값비싼 것이어서 박해받던 초기 교회의 그리스도인들이 소유할 수 없었다. 그러므로 "향연이 성도의 기도와 함께 천사의 손으로부터 하나님 앞으로 올라가는지라"(계 8:4)는 말을 들었을 때 얼마나 큰 격려를 받았을지 생각해보라. 그들이 황량한 곳에서, 또는 집에 웅크리고 앉아서 기도했는데, 이런 기도가 하늘로 올라갈 뿐만 아니라 금 대접에 담기고 하나님의 손수 만든 향과 섞여서 그분 앞에 전달된다. 따라서 이 향의 이미지는 하나님의 은혜를 보여주는 그림이다. 더듬거리고 헷갈리는 우리의 기도가 하나님의 사랑과 은혜의 향으로 풍성해져서 하늘에 들어가는 것이다.

우리는 기도하는 마음으로 성경에 다가갈 때 하나님의 장엄한 보좌 앞에 들어가 잠시 우리 마음의 본향을 경험하는 기회를 얻게 된다. 기도는 간구 이상의 것이다. 그리고 말 이상의 것이기도 하다. 그것은 무엇보다도 하나님과의 사랑의 관계로 채색된, 그분 앞에서 사는 생활방식이다. 따라서 기도하는 자세로 성경을 읽을 때 그것은 하나님과 친밀하게 소통하는 또 하나의 형태가 되는 것이다. 그리고 이것은 마침내 삶의 변화로 귀결된다.

묵상 질문

1. 기도란 무엇인가? **당신**에게 기도는 무엇인가?

2. 저자들은 말씀 읽기와 말씀 묵상 전과 도중과 후에 기도하는 것에 대해 말한다. 그들이 말하는 요점은 무엇인가? 그 중에서 당신에게 가장 낯익은 것은 무엇인가? 이와 관련해 당신은 장차 어떤 것을 실행하고 싶은가?

3. 기도는 렉시오 디비나에서 단지 어느 시점에 행하는 것만이 아니라 "렉시오가 몸담은 집"이라고 말한다. 이것이 당신의 기도와 성경 읽기에 어떤 영향을 줄 것 같은가?

4. 당신은 경건의 시간에 주의를 산만하게 하는 것들을 어떻게 다루는가? 이번 장에서 당신이 배운 것은 무엇인가?

제안

먼저 렉시오 디비나의 시작과 중간과 끝에 적절하다고 생각되는 기도문을 작성하라. 그 기도문을 3일 동안 경건의 시간에 실제로 사용해보라. 이후에 당신의 기도하는 자세를 돌이켜보며 깊이 생각해보라. 어떤 의미에서 당신의 기도가 렉시오 디비나가 몸담은 집이었다고 생각하는가?

렉시오 디비나
거룩한 독서의 모든 것

7.
관조
하기

당신이 누군가와 이야기하고 있는 장면을 상상해보라. 대화가 진행되는 동안 어떤 일이 일어나는가? 한 차원에서 당신은 이야기를 하고 듣는다. 말을 만들고, 상대방의 말을 듣고 이해하는 일이다. 이와 동시에, 또 다른 차원의 활동이 진행된다. 이 차원에서는 당신이 마음속으로 대화의 방향을 조종하는 중이다. **그녀는 나를 어떻게 생각하고 있을까? 방금 이 질문은 진심으로 하는 것인가, 아니면 내게서 정보를 끌어내려고 하는 것인가? 그녀의 신발과 저 블라우스는 내가 좋아하는 배합이다. 나는 금방 떠나야 하지만 그녀를 좀 더 알고 싶다.** 당신이 어떤 대화에 주의를 기울이면 이 두 차원이 당신 속에서 동시에 진행되고 있음을 알 수 있다.

그런데 세 번째 차원도 있다. 주고받는 말의 저변에, 질문과 마음가짐의 아래편에, 상대방 앞에 있는 당신과 당신 앞에 있는 상대방이 있다. 당신은 그것을 느낄 수 있는가? 모든 생각과 말은 서로를 바라보는 당신들의 존재 위에 놓여 있다. 앞의 두 차원이 나름의 특성이 있는 것처럼, 이 세 번째 차원에도 나름의 특성이 있다. 상대방이 낯선 사람일 경우에 당신이 '존재하는' 방식과 가까운 친구인 경우에 존재하는 방식이 서로 다르다. 두 번째 차원에서 던진 질문("그녀는 나를 어떻게 생각하고 있을까?")도 상대방이 누군지에 따라 다른 느낌을 수반한다. 당신의 기분, 상대방과의 관계 등 많은 요인이 이 현존의 질적 상태에 영향을 미친다. 당신이 매우 주의 깊은 사람이라면 이 세 가지 차원을 동시에 인식할 수 있다.

때로 가장 풍성한 순간은 당신이 이 세 번째 차원에 몸담을 수 있을 때다. 자녀가 넘어져서 울고 있으면 우리는 그를 들어 올려 안아주면서 위로한다. 친구가 우리 어깨에 기대어 울면서 아버지의 죽음에 대해 이야기하며 임종을 지키지 못한 것을 고통스러워하면 우리는 그를 안아준다. 우리는 아무 말도 하지 않고 함께 있는 것을 선사한다. 그리고 그 사람은 자기가 깊이 공감을 받고 있다고 느끼며 위로를 받는다.

이제 이미지를 바꿔보자. 이번에는 당신이 성경을 읽고 있다고 상상해보라. 거기서 무슨 일이 일어나고 있는가?

물론 첫 번째 차원이 거기에 있다. 당신은 마음속에 단어와 문장을 형성하면서 문자를 읽는 중이다. 소리 내어 읽는 경우에는 당신의 입으로 그렇게 하는 중이다. 이와 동시에 두 번째 차원도 진행되고 있다. 당신이 본문을 따라가는 동안 여러 질문과 생각이 떠오른다. **'이 본문은 예전에 읽은 거야. 정말 이상한 말이라서 결코 이해하지 못했지. 이 구절에서 다음 구절로 흘러가는 방식이 참 좋군. 저 구절은 나에 관해 이야기하는 것일까?'** 등등.

그러나 그 문자 아래편에, 그런 질문과 반응의 저변에, 인간과 인간의 관계에서처럼 성경 읽기 경험을 조용히 받쳐주는 것이 있다. 당신이 하나님 앞에, 그리고 하나님이 당신 앞에 현존하고 있다는 사실이다. 당신이 고백하지 않은 죄, 당신의 영적 소원, 고통 중에 안기고 싶은 심정(곧 당신과 하나님의 관계의 현실)이 당신이 성경을 펼칠 때마다 거기에 있다. 서로의 현존이 인간 상호작용의 근거가 되듯이, 서로의 현존은 렉시오 디비나의 감춰진 근거가 된다. 그리고 당신이 주의를 기울이면 이 세 번째 차원을 인식할 수 있다.

그러므로 당신이 성경을 읽기 전에, 묵상의 근저에서, 또는 기도에서 흘러나오는 것이 있는데, 그것은 바로 하나님의 현존이다. 기독교의 관조는 하나님의 현존을 직관하거나 인식하는 것이다. 즉, 하나님의 현존을 유념하는 것이다. 그래서 당신이 하나님의 임재 안에 있음을 인식하면서 렉시오의 시간을 시작하는 것이 좋다. 우리는 하나님의 사랑의 마음에 일부러 노출될 때 서서히 개조되어 간다.

우리는 묵상할 때 성찰을 하게 된다. 본문을 약간 갉아먹는 행위다. 우리는 우리의 생각과 느낌을 열심히 작동함으로써 본문을 섭취한다. 우리가 기도할 때는 하나님과 소통을 한다. 지혜를 구하고, 하나님의 음성을 경청하고, 마음에 떠오르는 생각을 표현한다. 우리가 관조할 때는 편안한 마음으로 본문의 하나님과 함께 있다.

우리는 하나님과 함께 있고 하나님이 그 일을 완수하신다. 우리가 관조할 때 일어나는 일은 하나님의 은혜이다. 그레고리 1세 교황 (540-604)은 성경의 공적 사역에 대해 성찰한 후 한 영혼이 개인적으로 성경을 묵상할 때 접하는 주님의 은혜를 이렇게 묘사했다.

전능한 주님의 은혜로 성경의 어떤 것들은 개인적으로 하나님의 말씀을 읽을 때 더 잘 이해할 수 있다. 영혼이 자기가 듣는 내용을 알아차리고 잘못을 의식해서, 그 자신을 고통의 침으로 꿰뚫고 참회의 칼로 찔러 올 수밖에 없다.…우는 중에 그 영혼은 때때로 위로 들어 올려져 숭고한 것을 관조하게 되는데, 이를 위해 달콤한 울음으로 자신을 고문하는 것이다.[1]

우리가 성경을 읽고 묵상하고 기도하는 동안에 성령이 움직이신다. 그리고 때로는 우리가 들어 올려져서 숭고한 것을 '관조하게' 된다(참고. 계 4:1-2).

위로 들어 올려져 신적인 것을 관조했던 또 다른 인물은 청교도 목사인 코튼 매더(Cotton Mather, 1663-1728)였다. 그는 전형적인 경건의 방법(성경 읽기, 묵상, 기도 등)을 사용하던 중에 이런 일이 일어났다고 일기에 썼다. "하늘이 내게 가까이 내려와서 나를 말할 수 없는 기쁨과 영광으로 충만하게 했다. 나는 하늘이 전해준 것을 말할 수도 없지만 말하지 않는 게 좋겠다. 그러나 이것만은 말해야겠다. 주님이 은혜로운 분이심을 맛보았다고."[2]

그레고리와 매더 모두 관조의 특징이 수동적으로 은혜를 받는 것임을 보여준다. 관조는 우리가 능동적으로 행하는 활동이 아니다. 오히려 우리가 경험하게 되는 것이다. 관조가 말할 수 없는 기쁨, 뼈 아픈 깨달음, 평온함, 또는 그 어떤 것을 수반하든지 간에 그것은 한 인격(하나님)과 다른 인격이 만나는 경험을 가리킨다.

관조의 뜻

사실 관조(*contemplation*)란 용어는 복잡하고도 오랜 역사를 갖고 있다. 다양한 사람과 그룹이 이 용어를 각기 다른 뜻으로 사용해왔다. 그레고리 1세는 관조를 신적인 것을 보는 경험으로 이해했다. 로욜라의 이그나티우스는 복음 묵상의 한 형태를 묘사하기 위해 그것을 사용했다. 어떤 이들은 관조를 묵상의 동의어인 "(무엇에) 관해 생각하는 것"으로 간주하고, 또 어떤 사람들은 하나님의 감미로움을 감정적으로 경험하는 것으로 본다. 더 나아가, '능동적' 관조(하나님께 주목하는 훈련의 결과)와 '주입된' 관조(초자연적 은사를 받아 완전히 하나님께 몰입하는 것)를 구별하는 행습도 생겼다. 관조라는 용어는 기도하는 방법, 기도의 태도, 또는 기도의 목적 중 어느 것이든 묘사할 수 있다.[3]

역사적으로 다양한 뜻으로 사용되어 온 관조라는 용어는 오랜 세월 동안 렉시오 디비나의 필수요소로 간주되어 왔다. 성 미엘의 존 스마라그두스(John Smaragdus of St. Mihiel, 825년 이후 사망)는 기도(*oratio*)와 관조(*contemplatio*)를 구분하면서 전자는 성경 읽기와 묵상으로 촉발된 하나님을 향한 열망을 표현하는 것으로, 후자는 그 열망의 목표, 곧 영원을 기뻐하기 시작하는 것으로 보았다. 기도가 추구하는 것을 관조가 발견한다는 뜻이다. 12세기의 귀고 2세(Guigo II)는 렉시

렉시오 디비나
거룩한 독서의 모든 것

오 디비나의 여러 요소를 인생의 여러 단계를 보여주는 모형으로 해석했다. 묵상에서 기도를 거쳐 마침내 관조로 귀결된다고 본 것이다. 따라서 관조는 그리스도인의 삶이 완전히 성취된 단계인 셈이다.

최근에는 시토회 수도사이자 저자인 토머스 키팅(Thomas Keating)이 묵상, 기도, 관조의 상호작용을 인간 경험의 두 '부분', 즉 성찰적 부분과 의지에 비추어 이렇게 묘사했다.

거룩한 텍스트의 글에 대해 곰곰이 생각하는 성찰적 부분은 메디타티오, 즉 '묵상'이라고 불렸다. 이 성찰에 반응하는 의지의 자발적 움직임은 오라토리오, 즉 '정감적 기도'라고 불렸다. 기도는 한 사람의 속 깊은 열망이란 의미에서 정감적이다. 여기서 우리의 초점이 읽을 때도 그러듯이, 지성에서 의지로 은근히 바뀐다. 그리고 이런 성찰과 회개와 결의가 점차 중심으로 모이면서 우리는 하나님의 임재 가운데 안식하는 상태로 움직이게 된다. 이것이 컨템플라티오, 즉 '관조'란 말의 뜻이었다.[4]

이런 생각과 의지의 역동적 움직임, 그리고 이것들이 하나님의 임재의 관조적 경험을 중심으로 모이는 것에 대한 키팅의 이해가 이른바 "향심 기도"[5]에 대한 그의 접근의 초석이다.

이번 장에서는 관조가 하나님 안에 안식하며 그분과 함께 있는 것을 즐거워하는 것임을 살펴볼 생각이다. 구체적으로 말하면 관조를 임재, 침묵, 사랑 등 세 가지 특징과 관련시켜 고찰할 예정이다.

하나님의 임재

관조는 하나님과 함께 있는 것이다. 렉시오 디비나의 모든 활동 저변에 있는 실재, 우리가 읽는 글과 생각, 염려와 산만한 마음 배후에 있는 실재는 우리가 하나님과 함께 있다는 사실이다. 그리고 하나님은 우리와 함께 계시다. 하나님은 언제나 우리와 함께 계시고, 특히 성경 안에서 우리와 함께하신다.

하나님은 지금 당신을 바라보고 계신다. "주님께서는 그 눈으로 온 땅을 두루 살피셔서"(대하 16, 새번역) 우리를 보고 계시기 때문이다. "여호와의 말씀이니라 사람이 내게 보이지 아니하려고 누가 자신을 은밀한 곳에 숨길 수 있겠느냐 여호와가 말하노라 나는 천지에 충만하지 아니하냐"(렘 23:24). 하루 종일 하나님이 당신을 응시하고 계신다. 옛 찬송가가 노래하듯이 "그의 눈이 참새를 주시하고, 그가 나를 지켜보신다는 것도 내가 안다." 신학적으로는 이것을 하나님의 무소부재(無所不在)라고 부른다. 그분은 모든 곳에 계시고(모든 것이 하나님 앞에 존재하고) 모든 피조물을 인식하고 계신다. 성경은 한결같이 하나님이 현존하시고 우리가 그분의 현존을 피할 수 없다고 말한다. "내가 주의 영을 떠나 어디로 가며 주의 앞에서 어디로 피하리이까"(시 139:7)라고 시편 기자는 물었다. 하나님의 무소부재야말로 관조의 토대에 해당한다. 우리는 관조 기도를 통하여 하나님이 모든 곳에 계시다는 사실에 주목하는 법을 배운다.

정교회의 주교인 안소니 블룸(Anthony Bloom)은 고전적인 책 *Beginning to Pray*(기도의 시작)에서 즐거운 이야기를 하나 들려준다. 젊은 사제 시절에 어떤 늙은 여성이 그에게 염려거리를 들고 왔다. 그녀는 "여러 해 동안 교회가 지정한 기도문으로 기도했지만 하나님의 임재를 인식한 적이 한번도 없었습니다"라고 말했다. 그래서 블룸이 그녀에게 아침 식사 후 안락의자에 앉아 방 주위를 돌아보며 거기에 무엇이 있는지 관찰하라고 했다. 그리고 그리스도의 성상이나 성화 앞에 있는 작은 램프에 불을 붙인 뒤 그분의 얼굴 앞에서 15분 동안 뜨개질을 하라고 말했다.

"기도는 한 마디도 하지 말고, 그냥 뜨개질을 하며 방안의 평온함을 즐기려고 애쓰기만 하십시오"라고 블룸이 지시했다. 그녀는 사제의 지시에 순종한 결과 아주 작은 소음 뒤에 있는 풍성한 침묵을 발견하고는 무척 놀랐다. 그리고 "갑자기 나는 그 침묵이 곧 임재란 것을 알았습니다. 침묵의 중심에 고요함 자체인 그분이 계셨습니다"라고 말했다.[6] 우리가 우리 자신에게 하나님의 임재를 발견하도록 허용하기만 한다면 그것은 어디에서든 가능하다.

하지만 하나님의 임재와 사역을 좀 더 구체적으로 인식하는 일도 얼마든지 가능하다. 하나님은 성례를 통해, 성령의 사역을 통해, 그리고 그리스도의 몸의 은사들을 통해 우리와 함께하신다. 특별히 이책의 주제와 관련해서 말하자면, 하나님은 또한 성경을 통해서도 우리와 함께하신다. 하나님은 특히 말씀을 통해 능력으로 임하신다(사 55:10-11, 히 4:12). 우리는 하나님과의 만남을 기대하며 렉시오 디비나에 참여하는데, 그것이 말 그대로 '신적인' 활동이기 때문이다. 장 칼뱅이 말하듯이, "우리는 그것[성경] 안에 살아 있는 신적인 에너지를 느낀다. 즉, 우리를 그것에 끌리게 하고 순종하게 해주는 에너지를 느끼기" 때문이다.[7]

우리는 성경의 뜻이 조명된다고 믿는다. 성령이 속삭이듯 하나님의 연애편지를 설명해주고 그 중요성을 각인시켜줄 것을 믿는다는 말이다. 하나님의 임재는 하나님의 말씀을 통해 중재된다. 하나님의 말씀은 하나님의 영의 도움으로 이해된다. 따라서 관조적인 읽기란 성경 텍스트에 접근하되 (글의 분석과 질문의 저변에) 우리가 하나님 앞에 있고 하나님이 성령을 통해 우리 앞에 계신다는 역동적 사실에 특별히 주목하는 접근법을 말한다. 이는 앞서 이야기한 중년 여성처럼 되는 것인데, 우리의 경우에는 예수의 그림 앞에서 뜨개질을 하는 대신에 여유롭게 성경을 읽는 것을 말한다.

침묵

읽기와 묵상하기, 기도하기 등은 인간의 활동(생각하기, 상상, 감정, 글, 자세 등)을 많이 사용하는 편이다. 하지만 관조는 우리의 언어와 상상 같은 것에서 물러나 하나님과 함께 안식하는 편을 선호한다. 관조는 침묵을 편하게 여긴다. 만일 임재가 언어와 정신 활동의 저변에 깔려 있다면, 특히 처음에는 침묵의 환경에서 하나님의 임재에 주목하는 것이 좋다. 이 때문에 '관조하는 이들'은 보통 조용히 홀로 있는 사람들로 알려져 있는 것이다.

산상설교에 나오는 주기도문의 서론은 오랫동안 침묵에 관한 훌륭한 가르침으로 간주되어 왔다. 예수께서 기도에 대해 이런 충고를 주신다. "기도할 때에 이방인과 같이 중언부언하지 말라 그들은 말을 많이 하여야 들으실 줄 생각하느니라 그러므로 그들을 본받지 말라 구하기 전에 너희에게 있어야 할 것을 하나님 너희 아버지께서 아시느니라"(마 6:7-8). 예수님은 왜 기도할 때 말이 많은 것을 피하라고 하실까? 우리는 말을 통해 삶의 많은 영역에 대한 우리의 지배권을 행사한다. 그렇기 때문에 말을 삼감으로써 하나님의 정당한 자리를 인정하고 우리의 통제권을 넘겨드리게 되는 것이다. 그래서 정교회 주교인 칼리스토스 웨어(Kallistos Ware)는 이렇게 썼다. "침묵에 도달하는 일, 이것이 기도의 기술에서 가장 힘들고 가장 결정적인 요소다. 침묵은 단지 소극적인 것, 이를테면 말과 말 사이의 멈춤, 일시적인 말의 중단이 아니라 매우 적극적인 것이다. 깨어 있는 태도, 정신을 바짝 차리는 자세, 그리고 무엇보다도 경청하는 태도이다."[8]

우리는 침묵을 렉시오 디비나를 둘러싼 분위기로 삼을 수도 있다. 아울러 렉시오 디비나가 진행되는 동안 침묵이 저절로 생길 수도 있다. 우리가 한 단락을 읽은 후 우리의 생각이 자연스레 관조의 쉼으로 진입한다. 그 생각이 사라지진 않았으나 읽은 내용과 하나님과 함께 있노라면 우리는 잠잠해진다. 하지만 우리가 경험하는 침묵이 전혀 평온하지 않을지도 모른다. 우리가 읽고 묵상하고 기도하노라면 본문을 통해 조금씩 살아 계신 하나님과 맞대면하는 방향으로 움직일 수 있다. 이사야의 외침과 같이 우리도 파멸의 상태에 빠져 우리의 창조주 앞에서 입을 다문 채 서 있게 된다(사 6).

침묵은 마음의 상태이기도 하다. 마음의 침묵을 함양하는 일은 가

렉시오 디비나
거룩한 독서의 모든 것

만히 앉아 있을 때 우리를 성가시게 하는 재잘거림과 선입견과 느낌을 잠잠케 하는(또는 무시하는) 법을 배우는 것이다. 내면의 침묵은 반드시 하나님과의 특별한 만남을 기대한다는 뜻은 아니다. 그것은 하나님이 무엇을 가져오실지 모르는 채 그분 앞에서 안식하며 기다리는 것을 의미한다. 관조의 침묵은 노력해서 얻는 영적인 성취가 아니라, 우리 자신을 내려놓는 것이요 상당 기간에 걸쳐 개발되는 하나의 행습이다. 여기에는 우리의 특정 경험에 대한 인식이 무한한 하나님에게는 못 미친다는 가정이 깔려 있다.

한편, 관조할 때 우리는 영적 체험이 있든 없든 편안한 마음을 유지하고, '거룩한 지루함'이 있을 때에도 편안하게 안식한다. 하지만 이렇게 말한 이상, 방언 기도를 하나의 관조적 경험으로, 즉 평범한 언어와 개념을 초월하는 하나의 만남으로 생각하는 것도 가능하다고 말해야겠다. 사도 바울은 우리에게 "내가 만일 방언으로 기도하면 나의 영이 기도하거니와 나의 마음은 열매를 맺지 못하리라"(고전 14:14)고 일러준다. 살아 계신 하나님의 신비로운 임재를 다룰 때는 아무리 독단적이어도 지나치지 않다.

이제까지 그리스도인들은 엘리야와 하나님의 만남을 매우 중시해 왔다. "여호와 앞에 크고 강한 바람이 산을 가르고 바위를 부수나 바람 가운데에 여호와께서 계시지 아니하며 바람 후에 지진이 있으나 지진 가운데에도 여호와께서 계시지 아니하며 또 지진 후에 불이 있으나 불 가운데에도 여호와께서 계시지 아니하더니 불 후에 세미한 소리가 있는지라"(왕상 19:11-12). 엘리야는 "순전한 침묵의 소리"(세미한 소리) 안에서 그분의 음성을 들었다. 하나님이 침묵 가운데 찾아오신다는 사실과 그분의 영이 쉽게 내쫓을 수 있는 비둘기로 묘사되어 있다는 점은 우리 그리스도인들에게 조용하고 열린 자세로 있는 법을 배워야 한다고 가르쳐주었다.

우리가 수행하는 렉시오 디비나가 관조적 차원을 지니려면 어느 정도 침묵에 익숙해져야 할 것이다. 관조할 때 우리는 핸들에서 손을 떼고 통제권을 하나님께 넘겨드린다. 렉시오 디비나의 모든 단계에는 언제나 인간의 몫이 있고(우리는 신중하고 분석적인 자세로 읽고, 어떤 어구를 반복하고, 우리의 당혹감을 기도로 올려드린다) 하나님의 몫(하나님이 읽을거리를 주시고, 그분의 말씀을 통해 행하시고, 기도의 자리로 우리를 부르신다)이 있는 법이다. 그러나 관조의 순간에는 우리의 몫을 내려놓는다. 우리는 하나님이 우리에게 취하실 행동을 기다릴 뿐이다.

관조는 새를 관찰하는 것과 약간 비슷하다. 우리가 새들이 나타나도록 만들 순 없지만 새들을 유인하기 위해 할 수 있는 일은 있다. 마찬가지로 우리가 하나님과의 만남을 위해 마음을 부드럽게 가다듬고 관심을 표명하는 일은 할 수 있다. 우리는 성경을 펼친다. 우리는 한동안 입을 다무는 습관을 기른다. 우리는 조용히 하나님의 침묵이 임하도록 기다린다. 그러면 마침내 하나님이 임하신다.

말하자면, 우리는 온갖 종류의 침묵에 들어갈 준비를 갖춰야 한다. 관조할 때 우리는 집중해서 경청할 자세를 갖춘 침묵을 개발하려고 애쓴다. 그리고 이런 의미에서 관조는 임재와 관계가 있을 뿐 아니라 부재(不在)와도 관련이 있다. 관조적 침묵은 우리의 칭의에 대한 믿음과 하나님의 사랑 사이에 있는 공간으로서, 우리 자신을 변화에 대해 열어놓는 순간이다. 렉시오 디비나에서는 이 변화 과정이 성경의 인도를 받는다. 그것은 우리 자신을 취약하게 열어놓는 공간이며, 하나님의 임재로부터 생기는, 그리고 하나님을 점점 더 알아가게 하는 빈 공간이다.

사랑

다시금 대화하는 장면을 상상했던 때로 되돌아가자. 세 번째 차원인 '서로에게 현존하는 차원'을 회상해보면 타인 앞에 있는 당신의 존재에 어떤 특성이 있음을 알 수 있다. 낯선 사람 앞에 있을 때와 친구 앞에 있는 때가 다르고 어느 순간인지에 따라서도 다르다.

당신은 서로의 관계가 어떤지를 알아채고 그 시점에 그런 관계를 만드는 요인들도 볼 수 있다. 그리고 당신의 현존의 특성에 영향을 주는 조화로운 관계나 긴장을 느낄 수 있다. 당신이 인식하는 것은 당신의 관계가 지닌 '합일'이다. 당신은 당신의 사랑, 이해관계의 역학, 상호관계, 자기희생 등에 주목한다. 이는 거룩한 독서의 관조적 차원에도 그대로 적용된다. 우리가 성경을 관조할 때는 사랑 안에서 하나님과 하나가 되었음을 의식하게 된다.

첫째, 우리를 향한 하나님의 사랑이 있다. 예수님은 이렇게 말씀하셨다. "새 계명을 너희에게 주노니 서로 사랑하라 내가 너희를 사랑한 것 같이 너희도 서로 사랑하라 너희가 서로 사랑하면 이로써 모든 사람이 너희가 내 제자인 줄 알리라"(요 13:34-35). 여기에서 "내가 너희를 사랑한 것 같이"라는 말을 곰곰이 생각해보라. 우리가 하늘의 아버지로부터 터무니없는 뜨거운 사랑을 받았으니 우리도 터무니없는 사랑의 공동체가 되어야 마땅하다. 성경에 접근할 때는 우리가 사랑의 편지를 읽고 있다는 사실을 기억하라. 그러므로 당신이 성경을 펼칠 때 스스로를 하나님의 사랑과 은혜에 열어놓아 당신이 그분의 사랑으로 가득 차서 그 사랑과 은혜를 타인에게 베풀어 그리스도의 법을 성취하도록 하라.

다음으로, 우리와 하나님의 합일이 있다. 관조를 실행할 수 있는 것은 우리와 그리스도가 하나가 되었기 때문이다. 신약성경은 신자와 예수 그리스도의 관계를 묘사하려고 "그리스도 안에"와 "그 안에"와 같은 어구를 거의 250번이나 사용한다.[9] 관조는 이 영적인 진리(존 머리가 "구원 교리의 핵심 진리"라고 부른 것)로부터 나오는 것이다. 이 진리는 우리가 관조를 통해 획득하는 것이 아니다. 합일은 구속에 뿌리를 둔 진리이고, 이 관계는 관조를 통해 깊어질 수 있고 하나의 살아 있는 실체로 경험할 수 있다.

우리가 그리스도와 하나가 되었다는 사실은 하나님이 가까이 계심을 상기해준다 "우리 하나님 여호와께서 우리가 그에게 기도할 때마다 우리에게 가까이 하심과 같이 그 신이 가까이 함을 얻은 큰 나라가 어디 있느냐"(신 4:7). 우리는 하나님의 초월적 통치를 최소화하지 않으면서 바울이 "너희 안에 계신 그리스도시니 곧 영광의 소망"(골 1:27)이라고 부른 그 영광스러운 신비를 인정해야 한다. 이는 우리가 "그를 힘입어 살며 기동하며 존재하느니라"(행 17:28)는 고백으로 관조를 시작한다는 것을 의미한다. 우리는 우리의 호흡보다 더 가까우신 하나님 안에 우리가 살고 있다는 사실을 깨달아야 한다. 그리하여 우리의 기도를 하나님의 충만함이 거하는 우리 개개인의 마음과 공동의 마음을 향하게 해야 한다.

우리를 향한 하나님의 사랑, 그리고 그리스도의 사역으로 이뤄진 우리와 하나님의 합일로 인해 우리는 관조를 우리가 사랑 안에서 하나님 앞에 열려 있을 수 있는 장소로 보게 된다. 방어벽을 칠 필요가 없다. 해명을 하거나 의문을 품을 필요가 없다. 말도 할 필요가 없다. 우리가 말할 필요도 없고 의문을 품을 필요가 없을 때, 우리가 용납받을 만한 모습이 되려고 애쓸 필요가 없을 때(하나님의 무조건적 사랑에 비춰보면 그럴 필요가 없다), 하나님과 우리의 합일을 의식하며 그분의 임재 가운데 안식하는 것이 너무나 자연스럽다.

사람들이 정기적으로 관조의 시간을 보내기 위해, 하나님과 함께 시간을 보내기 위해 우리의 소유지를 찾아온다. 맨 처음 그들은 흔히 "내가 여기에 있는 동안 무엇을 해야 하나요?"라고 묻는다. 나는 "아, 아무것도 하지 말고, 그냥 하나님과 함께 있으면 됩니다"라고 대답한다. 하나님의 사랑은 우리로 하여금 마음껏 꽃향기를 맡고, 개울과 초원을 탐색하고, 꿈을 꾸거나 경이감에 젖도록 해준다. 이런 의미에서 관조는 우리가 사랑하는 분과 함께 삶을 즐기는 것이다.

최근의 뇌 연구에 따르면, 우리가 사랑과 연민을 많이 생각하면 할수록 우리 뇌의 회선이 다시 깔려서 그것이 자연스런 성향으로 형성된다고 한다.[10] 우리는 관조를 하는 가운데 사랑을 받고, 관조를 통해 타인을 향한 우리의 사랑을 촉진하는 생각과 성향을 귀하게 여기는 법을 배운다. 기도가 렉시오 디비나가 몸담은 집이라면, 관조는 이 집을 받쳐주는 토대라고 할 수 있다. 관조란 침묵 가운데 우리와 함께하는 살아 계신 하나님, 우리를 사랑하는 그 하나님을 인식하는 순간이기 때문이다. 우리가 거룩한 성경 읽기를 하는 동안 관조의 시간을 갖게 되면, 우리의 영과 하나님의 영이 성경 텍스트와 함께하는 가운데 서로 함께할 수 있는 공간을 창조하게 된다.

관조의 실천

거룩한 독서를 하는 중에 관조가 저절로 일어나는 경우가 많다. 우리는 성경을 펼치면 읽기 전에 잠시 기다리는 시간이 필요하다는 것, 즉 거룩한 독서의 저변에 깔려 있는 하나님의 임재를 의식할 필요성을 느끼곤 한다. 어떤 단락을 읽거나 묵상할 때면 우리는 잠시 멈추어서 우리의 영과 그리스도의 영 사이에 무슨 일이 일어나고 있다는 사실을 인식하곤 한다. 이와 비슷하게, 우리는 어떤 단락에 대해 기도하고픈 마음이 생기고, 이어서 기도가 관조로 이동하는(또는 관조가 기도로 이동하는) 것을 경험한다. 관조는 렉시오 디비나 안에서 일어나는 동시에 그것을 둘러싸고 있다.

우리의 마음을 차분하게 만들고 관조의 중심 요소인 하나님의 임재, 침묵, 사랑에 우호적이 되도록 해주는 행습이 여럿 있다. 첫째, 잠시 당신의 머리에 떠오르는 할일 목록을 모두 기록하여 '뇌 정리'를 실시하라. 그렇게 하면 관조의 시간에 그런 것들이 불쑥 튀어나오는 것을 방지할 수 있다. 다른 과업들이 생각나면 그것들도 기록하라.

둘째, 당신이 백일몽을 꾸거나 주의가 산만해지거나 염려 또는 어떤 계획에 휩싸일 경우에는 되돌아갈 중립 지점을 찾으라. 앞에서 언급했듯이, 오랜 전략 가운데 하나는 당신의 호흡을 주시하는 것이다. 성 그레고리 팔라마스(St. Gregory Palamas, 1296-1359)는 이렇게 말했다. "초보자들은 들숨과 날숨에 주목하고, 호흡을 약간 억제함으로써 호흡을 주시하는 동안에 지성[방황하는 생각]도 통제하는 것이 좋다."[11] 당신의 호흡을 주시하면, 당신이 앉아서 호흡하는 것이 머릿속에 떠오르는 온갖 상상보다 더 현실적이란 사실을 상기하게 된다('영'으로 번역되는 단어가 '숨'으로도 번역될 수 있다는 점을 기억하라).

또는 기도하는 마음으로 당신에게 닻의 역할을 할 수 있는 단어나 어구를 찾으라(사랑하는, 성령, 사랑, 당신 등). 하나님 앞에 조용히 있고 싶다는 표현으로 그 단어를 천천히 반복하고, 당신의 생각이 방황할 때는 그 단어로 되돌아가라. 당신이 그 닻을 수시로 바꿔도 무방하지만 한 번의 기도 시간에는 동일한 닻을 유지하도록 하라.

렉시오 디비나
거룩한 독서의 모든 것

셋째, 당신을 곁길로 나가게 하는 특정한 생각들을 주목하라. 고대의 영성 작가들은 깨어 있음(*nepsis*)에 관해 말했다. 당신은 기도 시간을 방해하는 생각을 인식하는 법을 배우고, 그런 생각이 떠오를 때는 그 생각에 이름을 붙임으로써("이것은 또 다시 나 자신을 미워하는 소리야") 생각의 방향을 당신의 닻으로 되돌리는 것이 좋다.

넷째, 하나님과의 관계를 바로잡으라. 관조는 본질적으로 하나님의 임재를 경험하는 것이고, 좀 더 구체적으로 말하면 하나님과의 조화로운 관계를 누리는 것이다. 말과 질문의 아래편에는 상호간의 관계가 놓여 있다. 관계가 잘못되면 (아무리 미묘한 긴장이 있더라도) 관조의 행위에 영향을 미치기 마련이다. 예배의 시작 부분에 종종 고백하는 시간을 두는 이유가 있다. 처음부터 관계를 바로잡을 필요가 있기 때문이다. 그렇지 않으면 그 이후로 거북한 상황을 초래할 수 있다(또는 하나님과 게임을 하는 데 그칠 수 있다). 그래서 렉시오 디비나를 시작하면서 잠시 스스로를 점검하고 하나님이 누구신지, 바로잡을 문제가 있는지 생각한다면 관조의 시간이 훨씬 풍성해질 것이다.

다섯째, 당신의 몸을 사용하라. C. S. 루이스는 "영혼뿐만 아니라 몸도 기도해야 한다. 몸과 영혼이 함께 기도하는 게 더 낫다"고 말한다.[12] 우리의 자세에 주목하는 것이 우리의 전인(全人)을 하나님 앞에 나아가게 하는 한 가지 방법이다. 친구와 대화하는 데 최상의 자세가 따로 없는 것처럼 기도하기 위한 최상의 자세는 없다(성경은 긍정적 인 자세 일곱 가지를 기록하고 있다). 존경과 주의집중과 열려 있음을 표현하 는 자세를 찾으라. 당신의 손 모양을 조정하기만 해도 좀 더 열려 있 고 존경하는 자세를 취할 수 있다.

물론 침묵과 홀로 있는 것도 필요하다. 앞에서 침묵을 관조의 한 차원으로 언급했지만, 침묵과 그 사촌인 홀로 있음은 성경에서 영성 훈련의 토대가 되고 특히 관조의 훈련에 매우 중요하다. 이 둘은 기 도와 묵상과 금식의 맥락을 제공해준다. 마치 잘 준비된 정원의 토 양과 같다. 잘 준비된 정원에서는 아무데나 흙을 긁어내고 씨를 뿌 릴 수 있는 것처럼 우리는 어디에서나 기도할 수 있다. 하지만, 침묵 과 홀로 있음은 기름진 토양이 정원을 꽃으로 만발하게 하듯이 관조 를 지지해준다.

예수님의 생애를 보면, 그분이 기도하기 위해 일부러 침묵과 홀로 있는 시간을 확보하셨던 것을 알 수 있다. "예수는 물러가사 한적한 곳에서 기도하시니라"(눅 5:16). 예수께서는 주기도문의 서론에서 말 을 많이 하지 않고 홀로 있도록 권면하셨다. "너는 기도할 때에 네 골방에 들어가 문을 닫고 은밀한 중에 계신 네 아버지께 기도하라 은밀한 중에 보시는 네 아버지께서 갚으시리라"(마 6:6). 당신이 하나 님과 홀로 있을 수 있는 장소, 주의가 산만해지지 않는 장소, 창조주 앞에 당신의 모습 그대로 설 수 있는 장소를 찾으라.

　우리는 성경을 읽으려고 펼친다. 우리 독자들은 상상력과 감정 등을 동원해 말씀을 묵상하는 중에 텍스트와 성령과 상호작용을 나눈다. 우리는 말씀을 듣고 기도로 말한다. 관조할 때는 그냥 앉아 있는다. 하나님의 영이 거기에 계시다. 물론 텍스트도 있다. 우리도 있다. 우리는 침묵 가운데 기다린다. 우리는 우리 사이의 사랑, 창조주와 피조물 사이의 사랑을 인식한다. 그리고 우리는 새롭게 된다.

묵상 질문

1. 최근에 "하나님 안에 안식하며 그분과 함께 있는 것을 즐긴" 적이 있는가? 있다면 그런 경험이 당신의 삶에 어떤 영향을 미쳤는가?

2. 이제까지 살아오면서 하나님의 임재를 경험한 것이 언제였는지 생각나는 대로 말해보라.

3. 어떤 사람들은 하나님과 관계를 맺을 때 말을 많이 하는 데 익숙하다. 또 어떤 이들은 침묵을 편하게 느낀다. 관조는 침묵과 더 관계가 많은 듯하다. 그 이유는 무엇인가? 말이 많은 사람은 관조를 경험할 수 없는 것일까? 왜 그렇게 생각하는가?

렉시오 디비나
거룩한 독서의 모든 것

4. 관조를 실천할 때 하나님의 이타적이고 깊고 무조건적인 사랑을 의식하는 것이 왜 꼭 필요한가?

제안

홀로 있을 시간과 장소를 찾으라. 당신의 계획에 따라 성경을 읽은 후, 이번 장에 나오는 여섯 가지 제안을 활용하면서 어느 정도의 시간을 보내라. 한 주간 동안 그렇게 해보면서 이것이 당신의 신앙에 어떤 영향을 주는지 관찰해보라.

8.
인생의
시련 중에
행동하기

무술에는 "물 같은 마음"이란 표현이 있다.[1] 진짜 도전에 적절히 대응할 준비를 갖춘 사람을 묘사하는 말이다. 앞 세대의 무술 영화 스타였던 이소룡은 청중에게 이런 권면을 했다. "당신의 마음을 물 같이 되게 하라. 당신이 물을 컵에 부으면 물은 그 컵이 된다. 물을 병에 부으면 물은 그 병이 된다.…그런데 물은 흘러가거나 기어가거나 똑똑 떨어질 수 있다. 또는 산산이 부서질 수도 있다!" 요점은 물이 적절히 반응한다는 것이다. 우리가 연못에 조약돌을 던지면 물은 그 조약돌의 힘과 질량에 적절한 반응을 보인다. 물론 큰 돌에도 그와 똑같은 반응을 보인다. 물 같은 마음은 열려 있고, 유연하고, 반발하지 않고, 적절히 행동할 자세를 취하고 있다.

물은 성경이 우리에게 주는 모든 권면에 잘 반응하기 위해 우리가 갖춰야 할 사고방식을 보여준다. 우리는 음식을 주는 사람에게 감사하라는 조약돌 같은 명령에 적절히 반응한다. 우리는 부적절한 농담에 대해 동료에게 사과하라는 바위만한 촉구를 진지하게 받아들인다. 우리는 에이즈로 죽어가는 식구를 돌보기 위해 우선순위를 바꾸라는 표석 같은 요청을 듣고 생활패턴을 바꾼다.

시련을 겪는 중에 행동하는 것이 렉시오 디비나의 마지막 구성요소이다. 어떤 사람들은 렉시오 디비나에 이 요소를 포함시키지 않지만 우리는 성 빅토르의 휴, 마르틴 루터 등을 좇아 이 요소로 마무리 짓기로 했다. 예수님도 이것을 중요시하셨던 것 같다. 예수님은 그분을 따르는 이들에게 이렇게 경고하신다.

"그러므로 누구든지 나의 이 말을 듣고 행하는 자는 그 집을 반석 위에 지은 지혜로운 사람 같으리니 비가 내리고 창수가 나고 바람이 불어 그 집에 부딪치되 무너지지 아니하나니 이는 주추를 반석 위에 놓은 까닭이요 나의 이 말을 듣고 행하지 아니하는 자는 그 집을 모래 위에 지은 어리석은 사람 같으리니 비가 내리고 창수가 나고 바람이 불어 그 집에 부딪치매 무너져 그 무너짐이 심하니라"(마 7:24-27).

렉시오 디비나
거룩한 독서의 모든 것

마태는 예수님의 산상설교에 대한 기록을 이 이야기와 함께 결론 지었다. 이 이야기에 함축된 의미는 명백하다. 우리가 예수님의 가르침을 행할 때에야 그것을 제대로 이해한다는 것이다. 읽기와 묵상하기, 기도하기와 관조하기가 행동의 열매를 맺지 못한다면 우리가 예수님의 기준에 못 미친 것이다.

아시시의 프란시스(Francis of Assisi, 1181-1226)는 그 기준에 못 미치는 인물이 아니었다. 예컨대, 그가 복음 전파의 소명을 받은 이야기를 보라. 당시에 그는 이미 십자가에 못 박힌 구원자를 만난 후였고, 아시시 골짜기에 있는 교회를 개조하느라 바빴다. 어느 날 누군가 복음서를 낭독하는 소리를 들은 프란시스는 그 말씀에 대해서 설명해달라고 요청했다. 프란시스는 그 설명을 듣고 그리스도의 제자들은 지갑이나 신발이나 지팡이를 갖고 다녀서는 안 되고, 하나님의 나라를 전파해야 한다는 것(눅 10:1-12)을 배웠다.

프란시스의 전기 작가인 첼라노의 토마스는 프란시스가 성경 말씀과 그 설명을 들었을 때 "즉시 발에서 신발을 벗고, 손에서 지팡이를 제쳐놓고, 튜닉 하나로 만족하고, 가죽 띠를 작은 끈으로 바꾸고…그때부터 매우 열정적으로, 기쁜 마음으로 모든 이들에게 속죄를 전파하기 시작했다"고 썼다.[21]

삶의 시련 중에서도 성경을 행동으로 실천한 것이다. 성경이 무엇을 권면하든지 물 같은 마음으로 순종할 준비를 갖추라.

성경은 우리를 행동으로 이끌어준다

성경과 행동의 관계를 말하자면, 성경이 우리에게 행할 바를 일러준다고 할 수 있다. 성경학자 알브레히트 벵겔이 말하듯이 "성경은 그 자체의 용도를 가르쳐주는데, 그것은 행동에 있다."[3] 우리는 텍스트를 읽고 그것이 무엇을 말하는지 발견한 뒤에, 하나님의 말씀에 순종하기 위해 우리가 취할 행동을 정하고 그것을 우리의 삶에 적용한다. 이것은 참으로 중요한 접근방식임에 틀림없다. 성경은 많은 곳에서 우리에게 할일을 말해주고 있기 때문이다(하나님을 사랑하라, 네 이웃을 사랑하라, 죄악된 습관을 버리라 등).

그렇지만 성경을 단지 '행할 일'을 주는 책으로만 생각하면 성경의 풍부한 면모와 우리 삶에 주는 영향력을 간과할 수 있다. 성경은 실로 다차원적인 책으로, 다음과 같은 것들로 묘사된다.

- 율법(신 4:44)
- 성령의 검(엡 6:17)

- 은혜의 말씀(행 20:32)
- 불과 같은 것(렘 5:14)
- 금과 같은 것(시 19:10)
- 등과 같은 것(시 119:105)
- 거울과 같은 것(약 1:23-25)
- 해부용 메스와 같은 것(히 4:12)

성경 자체의 증언에 따르면 하나님의 말씀은 다음과 같은 것들을 초래한다고 되어 있다.

- 경고(시 19:9-11)
- 확신(요일 5:13)
- 축복(신 11:23-28)
- 위로(시 119:50-52)
- 소망(시 119:49)
- 영적 성장(골 3:16)

성경에 온전히 반응하는 일, 이를테면 물이 컵이나 그릇이 되는 것은 바람직하지만 그것은 다양한 면모를 지닌다. 때로는 눈물을 흘리고, 때로는 웃기도 하며, 어떤 경우에는 깊은 슬픔에 빠지고, 확신을 얻기도 하고, 사물의 진면목을 깨닫게 되기도 한다.

우리가 성경에 제대로 반응하도록 돕는 또 다른 이미지는 말씀을 '받는' 모습이다. 당신은 어떻게 말씀을 받는가? 예를 들어, 다음과 같은 두 경우를 비교해보자. 예레미야는 그의 도우미 바룩을 통해 하나님의 말씀을 유다의 왕에게 전달했다. 예레미야서는 왕이 그 말씀을 받는 모습을 이렇게 묘사한다.

"그 때는 아홉째 달이라 왕이 겨울 궁전에 앉았고 그 앞에는 불 피운 화로가 있더라 여후디가 서너 쪽을 낭독하면 왕이 면도칼로 그것을 연하여 베어 화로 불에 던져서 두루마리를 모두 태웠더라 왕과 그의 신하들이 이 모든 말을 듣고도 두려워하거나 자기들의 옷을 찢지 아니하였고 엘라단과 들라야와 그마랴가 왕께 두루마리를 불사르지 말도록 아뢰어도 왕이 듣지 아니하였으며"(렘 36:22-25).

예레미야의 이 이야기에는 하나님의 말씀을 들으면 변화가 초래된다는 가정이 깔려 있다. 이 텍스트는 두려움과 옷을 찢는 일이 적절한 반응이었을 것이라고 말한다. 그런데 왕은 신중할 필요가 있다는 자문을 받고도 전혀 개의치 않은 채 계속 두루마리를 태웠다.

이번에는 엠마오를 향해 걷고 있던 예수님의 두 제자를 생각해보라. 예수님은 그들이 예수님을 알아보지 못하는 상태에서 그들과 동행하신다. 여행을 하는 중에 예수님이 그들에게 성경을 설명하신다. 이후 예수님이 그들과 함께 떡을 떼실 때 그들이 예수님을 알아본다. 그러자 예수님이 사라지신다. "그들이 서로 말하되 길에서 우리에게 말씀하시고 우리에게 성경을 풀어 주실 때에 우리 속에서 마음이 뜨겁지 아니하더냐 하고"(눅 24:32). 그 말씀에 반응하여 그들은 일어나 예루살렘으로 되돌아가서 그들이 목격한 것을 이야기한다.

한 사람은 텍스트를 듣고 그것을 불태운다. 다른 사람은 그것을 들었을 때 그 마음이 불타오른다. 당신은 성경을 어떻게 받는가? 바울은 데살로니가 교인들을 이렇게 칭찬했다. "너희는 많은 환난 가운데서 성령의 기쁨으로 말씀을 받아 우리와 주를 본받은 자가 되었으니"(살전 1:6).

성경은 그 단락과 때와 사람에 따라 서로 다른 반응을 불러일으킨다. 당신이 어떤 단락을 맛보고 그것을 중심으로 기도할 때는 그와 연관된 생각이 자연스레 떠오를 것이다. 당신의 마음이 그 텍스트 앞에서 부드럽고 따스하게 되도록 허용하라. 그 텍스트는 행동의 변화를 요구할 수도 있다. 아울러 감사 또는 더 깊은 믿음을 요구할지도 모른다. 이런 경우에는 성령께서 그 텍스트를 통해 하나님의 목적을 이루시도록 허용하면 된다. 그런데 텍스트에 대한 적절한 반응이 무엇인지 분명하지 않을 때도 있다. 한 가지 방법은 5장에서 언급한 것과 같은 질문들을 부드럽게 물어보는 것이다. 즉 그 텍스트와 당신의 삶 사이에 어떤 연관이 있는지를 살펴보는 것이다. 다음과 같은 물음을 던져보라.

- 내가 순종할 명령이 있는가?
- 내가 요구할 약속이 있는가?
- 내가 함양할 미덕이 있는가?
- 내가 흠모할 모습이 있는가?
- 내가 주의할 경고가 있는가?
- 내가 따를 본보기가 있는가?

성경은 우리를 행동으로, 반응으로 인도한다. 그런데 성경은 다차원적인 텍스트인 만큼 우리에게 다차원적인 반응을 요구한다. 사실 우리가 성경을 이해하는 일과 성경을 받는 일은 서로 불가분의 관계에 있다. 그래서 더글러스 버튼-크리스티가 사막의 종교적 대가들에 대해 이렇게 말했던 것이다. "사막의 교부들에게 해석은 언제나 개인 및 공동체의 변화 가능성을 포함했다. 사막에서의 거룩함은 결

렉시오 디비나
거룩한 독서의 모든 것

국 한 사람이 스스로 성경 말씀으로 변화되는 것을 얼마나 깊이 허용하는지에 따라 좌우되었다."[4]

행동은 우리를 성경으로 이끈다

성경이 우리를 행동으로 인도할 뿐만 아니라, 우리의 삶이 우리를 성경으로 이끌어주고 성경을 우리에게 가져온다. 성경의 진리를 우리의 삶으로 가져온다고 말하는 것도 옳지만, 우리의 자기기만을 감안하면 우리가 우리의 삶을 성경으로 가져갈 필요가 있다. 다음과 같은 질문을 던질 때 우리는 무엇을 발견하게 되는가?

- 당신이 세상에서 성공한 전문인에게 줄 말씀은 무엇인가?
- 네 차례의 화학요법 치료를 받고 있는 사람에게 당신이 줄 메시지는 무엇인가?
- 늘 재정적인 압박을 받고 있는 나를 위한 말씀은 무엇인가?
- 이 빈민촌에서 사는 나를 위한 말씀은 무엇인가?

우리는 양쪽 방향으로 다 움직여야 한다. 성찰에서 행동으로, 행동에서 성찰로. 우리는 말씀에서 시작하여 그것을 우리의 삶으로 가져오고, 우리의 삶과 함께 시작하여 성경이 우리의 상황에 무슨 말을 하는지 물을 필요도 있다. 우리는 왜 이 구절을 오늘의 본문으로 선택하는가? 우리는 오늘 어떤 '눈'으로 그 본문을 보는가? 우리가 그 본문에서 듣고 싶은 것은 무엇인가? 우리는 삶의 어떤 부분을 성경 읽기에 가져가는가? 우리의 삶이 우리를 성경 말씀으로 데려가도록 허용할 때(그리고 우리가 이 움직임을 의식할 때), 우리는 성령이 그 텍스트를 통해 말하는 것을 들을 준비를 갖추게 된다.

성경은 의로운 삶으로 인도하는 길잡이다. 따라서 우리의 읽기는 성경의 내용과 구체적인 삶의 정황을 모두 강조할 필요가 있다. 당신이 성경을 당신의 삶에 적용하는 문제에 대해 생각할 때는 그 작업이 (1) 성경의 관점과 (2) 당신의 삶에 대한 연구를 모두 포함하는 것으로 생각하는 게 좋다. 이 모델은 선로와 같은 모양으로 그릴 수 있다.[5] 이 그림에는 우리의 개인적인 경험에 대한 연구와 성경 읽기가 번갈아가며 나온다.

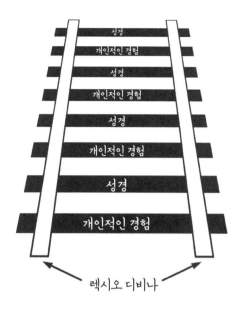

렉시오 디비나

하지만 이것이 전부가 아니다. 우리의 행동과 삶이 우리를 성경으로 데려갈 뿐만 아니라 우리 삶 또한 성경을 우리 속 깊은 곳으로 끌어당기기도 한다. 이것이 루터가 시험(*tentatio*) 또는 인생의 시련에 관해 말하고자 하는 요점이다. 그는 시편 119편에 대해 이렇게 썼다.

셋째로 시험(*tentatio*)이 있다. 이것은 당신에게 지식과 총명을 가르칠 뿐만 아니라, 하나님의 말씀이 얼마나 옳고 참되며, 얼마나 달콤하고, 아름

답고, 막강하고, 위안이 되는지를, 그리고 모든 지혜보다 뛰어난 지혜임을 가르쳐주는 시금석이다. 그래서 방금 언급한 시편에서 다윗이 묵상을 하기 때문에, 말하자면 온갖 방식으로 (앞에서 말했듯이) 하나님의 말씀에 몰입해 있기 때문에 그가 참아야 할 온갖 종류의 적들, 거만한 왕이나 폭군들, 거짓된 영과 파당들에 대해 얼마나 자주 불평하는지를 볼 수 있다. 하나님의 말씀이, 당신 속에 뿌리내려 자라자마자 마귀가 당신을 괴롭힐 것이고, 당신을 박사[전문가]로 만들 것이며, 그의 공격을 통해 당신이 하나님의 말씀을 찾고 사랑하도록 가르칠 것이다.[6]

성경은 우리를 행동으로 인도할 터인데, 우리가 그 말씀의 선생이 되는 것은 바로 행동을 통해서다. 이는 인생의 시련을 겪는 중에 그 텍스트의 뜻대로 살아가려는 정직한 노력을 말한다. 이것이 바로 훌륭한 신학자가 되는 길이라는 것을 명심하라. 요컨대, 좋은 신학은 어려움에 직면해서 성경대로 살아가려고 애쓰는 삶을 통해 정립되는 것이다.

이제까지 우리는 렉시오 디비나에서 일어나는 텍스트와 삶 사이의 상호작용에 대해 살펴보았다. 한 요소는 다른 요소로 이어지고, 또 다른 요소들에 반응한다. 삶과 묵상, 기도, 읽기를 거쳐 다시 기도와 삶에 대한 탐구, 관조로 돌아가고, 다시금 한바퀴 돈다. 렉시오 디

렉시오 디비나
거룩한 독서의 모든 것

비나의 춤은 거듭해서 하나님과 새로운 스텝을 밟도록 우리를 이끌어준다.

그런데 그 메시지가 우리에게 너무 어려운 일을 하도록 요구하면 어떻게 할까? 우리는 부드러운 마음을 품고 용기 있게 하나님께 우리의 생각을 말씀드려야 한다. 우리의 헷갈리는 마음을 하나님께 숨길 수 없다. 그리고 우리가 지나친 부담을 느낀다는 사실을 시인할 때 놀라운 영적 돌파구를 찾을 수 있다.

언젠가 원수를 사랑으로 대하고 용서하라는 말씀을 들은 적이 있는데, 그때 내 머릿속에 떠오른 사람을 도무지 용서할 수 없을 것만 같았다. 나로서는 불가능하다고 하나님께 시인했다. 그것은 마치 400킬로그램짜리 역기를 드는 것만큼 불가능했다. 나는 내가 그럴 생각이 없는 게 아니라 그럴 능력이 없다고 생각했다. 하나님과 대화하는 중에 나는 그 사람을 위해 기도하기로 결심했고, 가능하면 그녀를 축복하라는 예수님의 말씀을 따르겠다고 아뢰었다. 실제로 나는 기도했고 마침내 용서를 베풀게 되었다. 무엇보다 당신은 당신 자신에 대해 솔직해야 한다. 당신이 하나님의 지시에 따를 수 없다고 느낄 때는 하나의 대안을 찾고 그 대안을 통해 결국 순종에 이르도록 하라.

어쩌면 '복종'은 위험을 수반한다는 생각이 떠오를지도 모른다.

우리가 성경의 메시지를 실천하려 할 때, 그냥 명령에 복종한 자들, 세상을 본받아(롬 12:2) 사회의 흐름에 순응한 자들의 공모를 통해 일어난 20세기의 끔찍한 사건들이 우리에게 사회악(홀로코스트, '인종 청소', 환경오염 등)을 상기해준다. 악과 공모의 관계는 그리스도인들 사이에 널리 퍼져 있는, 죄를 개인적 불순종과 반역으로만 보는 관념에 이의를 제기한다.

여러 연구가 인간에게는 권위에 복종하는 성향이 있다는 것을 보여준다. 심리학자인 필립 짐바르도(Philip Zimbardo)는 스탠포드 대학교에 모의 감옥을 만들고 스물네 명의 학생들에게 '죄수' 또는 '간수'의 역할을 맡겼다. 학생들은 재빨리 자기가 맡은 역할을 수행하기 시작했다. 유니폼을 비롯한 권위의 상징물을 받은 간수들은 금방 그들의 업무 내역을 뛰어넘어 위협적이고 가학적인 인물로 변했다. 잘 안 맞는 옷과 털실 모자를 받은 죄수들은 지극히 수동적인 자세를 취하며 미움받는 죄수들에게 못된 짓을 일삼았다. 윤리적인 문제 때문에 이 실험은 일찍 끝나버리긴 했지만, 이 연구는 정상적인 사람이 사회적 지지를 받으면 얼마나 쉽게 해로운 역할을 떠맡는지를 생생하게 입증했다.

이와 비슷하게 스탠리 밀그램(Stanley Milgram)도 복종을 연구하기 위해 일련의 실험을 해서 다음과 같은 사실을 발견했다. 여러 나라에서 평범한 사람을 대상으로 실험한 결과, 상당히 많은 사람(여러 실험에 참여한 사람의 3분의 2 가량)이 권위 있는 인물의 지시를 받으면 동료 참여자에게 전기 충격 같은 치명적인 것을 가하겠다고 응답한 것이다.[7]

이 실험의 결과는 인간이 사회적 기대치에 순응하는 성향이 있음을 뚜렷하게 보여준다. 서양 문명사에서 몇몇 최악의 범죄 행위들(십자군 전쟁 같은 것)이 성경에 대한 순종으로 선전되곤 했다. 성경이 행동으로 인도하는 건 사실이나, 어떤 행동을 취할지는 성경의 나머지 부분과 건강한 신앙공동체의 맥락에서 분별할 필요가 있다. 성경에 대한 적절한 반응은 살아 계신 하나님에 대한 반응이고, 경건한 행동은 주변 문화(성경이 "세상"으로 정죄하는 것)가 아니라 그리스도의 성품을 본받는 것이어야 한다는 점을 명심하라.

우리가 텍스트와 그에 대한 반응을 붙들고 씨름하더라도 그 텍스트의 근원인 하나님이 또한 우리 삶의 근원이시라는 사실을 기억해야 한다. 정령을 숭배하는 아프리카의 어느 마을에서 한 여성이 어디에 가든지 늘 성경을 들고 다녔다. 이웃 사람들이 놀리듯이 "왜 늘 성경을 들고 다니죠?" 하고 물었다. "당신이 읽을 수 있는 책은 그것 말고도 많지 않나요?"

그 여성은 무릎을 꿇더니 성경을 머리 위로 높이 든 채 "물론 내가 읽을 수 있는 책이 많이 있지요. 그런데 나를 읽어주는 책은 이 책

하나밖에 없답니다."[8]

우리가 성경을 우리의 삶속으로 영접할 때, 그리고 우리의 삶과 행동이 우리가 듣는 메시지를 반영할 때, 우리는 성경에 의해 '읽히게' 되는 것이다.

렉시오 디비나에서 죄책감과 은혜의 관계

우리가 성경을 읽을 때 생기는 죄책감은 어떻게 해야 할까? 당신은 성경을 읽다가 가난한 자를 돌보라는 말씀을 접하고, 지난 주 출근길에 노숙자를 조롱한 것이 생각날 수도 있다. 또는 성적 순결을 요구하는 대목을 읽고 현재의 생활방식에 죄책감을 느낄 수도 있다. 우리는 마음을 동요하는 도전적인 말씀을 들을 준비는 갖춰야 하지만 죄책감에 굴복하지 않도록 경계해야 한다.

우리는 무슨 말이든 해줄 수 있는 친구를 귀하게 여긴다. "친구의 아픈 책망은 충직으로 말미암는 것이나 원수의 잦은 입맞춤은 거짓에서 난 것이니라"(잠 27:6). 친구가 우리를 위해 그런 말을 한다는 것을 알기 때문에 마음이 아프더라도 그것을 받아들인다. 예수님은 성령이 우리를 위한 분이고 위로자로 알려질 것이라고 말씀하시면서 "그가 와서 죄에 대하여…세상을 책망하시리라"(요 16:8)고 일러주셨다. 성령의 책망이 비록 아플지라도 그분의 사역은 우리에게 더러운 느낌, 징벌에 대한 두려움, 또는 낮은 자존감을 안겨주지 않는다. 이런 것들은 사탄이 하는 일이다.

사탄이란 이름은 고소하는 자란 뜻이고, 이것이 그가 끊임없이 행하는 일이다. 그래서 성경은 사탄을 "우리 형제들을 참소하던 자곧 우리 하나님 앞에서 밤낮 참소하던 자"(계 12:10)로 묘사한다. 그는 쉬지 않고 당신을 고소할 뿐만 아니라 주저 없이 당신이 연약한 순간을 포착한다. 그리고 당신 자신에 대해 거짓말을 하고 반쪽 진리를 이용한다. 그렇기 때문에 예수님은 그의 사기행각을 이렇게 묘사하셨다 "거짓을 말할 때마다 제 것으로 말하나니 이는 그가 거짓말쟁이요 거짓의 아비가 되었음이라"(요 8:44).

성령의 책망과 사탄의 고소는 종종 동일한 씨앗, 곧 내가 깨졌다는 인식과 함께 시작한다. 성령의 책망이 지향하는 목표는 온전한 상태로 회복시키는 일이다. 반면에 사탄의 고소는 절망에 빠트리는 것을 목표로 삼는 만큼, 그 특징은 과거에 발목 잡힌 죄책감이다. 그러나 성령은 회복과 회개와 새로운 미래에 대해 생각하게 만든다.

묵상 질문

1. 성경이 당신을 행동으로 인도한다고 느낀 적이 있는가?

2. 당신이 성경에서 얻은 통찰이나 지시를 의식적으로 적용하고 있는 영역(들)이 있는가? 그렇게 적용한 결과는 무엇이고 어떤 어려움이 있었는가?

3. 하나님의 말씀을 실천하는 일은 '그냥 쉽게 행할' 수 있는 것이 아니다. 거기에는 어떤 요소들이 포함되어 있는가?

렉시오 디비나
거룩한 독서의 모든 것

4. 당신이 지금까지 이 책을 읽고 배운 것은 무엇인가? 그로 인해 앞으로 어떤 변화를 기대하는가?

제안

이제까지 당신이 배운 것을 모두 정리해보라. 이제 성경의 한 단락을 택해서 읽고, 묵상하고, 기도하고, 관조하고, 행동하는 데 시간을 보내라(반드시 이 순서대로 하지 않아도 된다). 그리고 어떤 유익이 있었는지 생각해보라.

결

론

이제까지 우리는 렉시오 디비나를 하나의 사건, 즉 아침 일찍 소파에 앉아서 수행하는 일, 또는 친구들과 식사 후에 다함께 수행하는 일로 묘사했다. 하지만 그것을 일생에 걸친 일로 생각할 수도 있다.

나는 어릴 때 시편 23편을 외워서 지난 50년 동안 암송해왔다. 하나님의 돌보심에 대한 확신이 필요할 때는 언제나 찾는 본문이다. 내가 무릎 위에 성경을 놓고 시편 23편을 펼칠 때는 위로를 주는 이미지들을 통해 하나님의 돌보시는 손길을 생각한다(관조). 뿐만 아니라 본문을 읽고 공부했으며(독서), 암송하고 묵상하기도 했고, 그 이미지들을 마음속에 담기도 했다(묵상). 나는 그 텍스트를 중심으로 기도하고 또 기도문을 작성하기도 했다.

그런즉 한 단락에 대한 렉시오 디비나는 몇 주에 걸쳐, 아니 몇 년에 걸쳐 계속될 수 있다. 우리가 성경의 메시지를 들을 준비가 되어 있다면, 하나님의 말씀을 듣기 위해 기다리는 동안 공부와 묵상, 기도와 좌정 같은 활동을 수행할 수 있다. 성공회 교회에서는 이렇게 기도한다. "우리를 가르치기 위해 모든 성경을 쓰게 하신 복되신 주님, 우리가 그 말씀을 듣고 읽고 표시하고 배우고 소화하게 하소서. 그리하여 우리가 당신이 우리의 구원자이신 예수 그리스도 안에서 주신 영생의 소망을 받아들이고 늘 붙잡게 하소서. 그분은 당신과 성령과 함께한 하나님으로 영원토록 살아 계시고 다스리나이다. 아멘."[1] 이것이 렉시오 디비나이다. 우리는 생명과 진리, 변화를 갈망하며 성경에 다가간다. 우리는 거룩한 경전, 곧 하나님의 말씀, 사랑의 편지, 인간과 하나님의 관계를 기록한 책으로 나아간다. 우리는 성경 텍스트를 통해 하나님의 영을 만나고, 텍스트와의 만남을 통해 하나님과 조우할 준비가 되어 있다. 그래서 성경을 펼친다. 우리는 읽고, 묵상하고, 표시하고, 기도하고, 관조하고, 소화하고, 행동한다. 우리는 우리 자신을 여는 자세로 이 책의 페이지를 연다. 우리는 하나님이 열어주시길 바라는 마음으로 나아간다. 그리고 우리가 성경을 펼칠 때 영생의 소망을 받아들이고 늘 굳게 붙잡는다.

언젠가 내가 처음으로 그런 느낌을 알아챘던 거리가 기억난다. 늦

여름에 나는 우리 공동체에서 운영하던 농장에서 채소를 잔뜩 싣고 한 초등학교를 지나던 참이었다. 그 느낌을 꼭 집어서 표현할 순 없지만 집에 도착해 채소를 씻으면서 계속 그 느낌에 대해 곰곰이 생각했다. 그 순간 성경을 읽고 싶은 마음이 강해졌다. 그동안 성실하게 성경을 읽어왔지만 그런 느낌은 처음이었다.

나는 안락의자에 앉아 신명기를 펼치고 성경 읽기의 기쁨을 처음으로 경험했다. 이처럼 단조로운 느낌에서 기쁜 느낌으로 전환되는 일이 늘 일어나는 것은 아니지만, 성경 읽기는 우리의 삶과 신앙 공동체에 발생하는 크고 작은 변화를 잘 대변해준다.

지금쯤이면 당신도 렉시오 디비나를 통해 마음이 새롭게 되고 삶이 변화될 수 있음을 포착했을 것이다. 우리는 그것을 잘해낼 수 있는 최상의 방법이 있다고 생각하지 않는다. 당신의 상황에 맞게 렉시오 디비나의 요소들을 얼마든지 실험해도 좋다.

성경의 짧은 대목을 천천히 읽되 당신의 생각에 주목하라. 당신이 그 본문을 거듭해서 읽는 동안 텍스트와 상호작용을 하면서 묵상의 기술을 연마하고, 지성과 상상력과 느낌을 개입시키라. 읽기 전과 읽는 동안과 읽은 후에 수시로 기도하라. 깨어진 마음으로, 행복한 심정으로, 잘 받아들이는 자세로, 고요한 심령으로 기도하라. 텍스트를 읽으면서 하나님의 임재를 경험해보라. 침묵 가운데 그래도 좋고

방언을 해도 무방하다. 성경을 읽는 행위를 통해 사랑을 하고 또 사랑을 받기도 하라. 끝으로, 성경을 행동으로 옮기는 실험을 하라. 이 텍스트를 당신의 삶에서 실천한다는 것은 무엇을 의미할까? 당신이 현재 수행하는 활동들과 관련하여 이 텍스트는 무슨 메시지를 주고 있을까? 성경과 경험을 통해 주님 안에서 계속 배우며 성장하도록 하라.

최근에 렉시오 디비나에 대한 관심이 늘어나는 것은 반가운 현상이다. 이는 성경에 대한 신뢰를 반영하고 있다. 성경을 신뢰한다는 말을 들으면 흔히들 기적 이야기나 창조에 관한 기사를 믿는다는 뜻으로 생각한다. 그런 의미도 물론 있지만 성경을 '생명의 말씀'으로 믿는다는 뜻도 포함되어 있다.

오늘처럼 전문가를 존경하고 존중하는 테크놀로지 시대에 책 한 권을 읽고 기도하고 묵상하고 순종하는 단순한 행위를 풍성한 삶에 이르는 길로 믿으려면 상당한 신앙이 필요하다. 렉시오 디비나는 우리에게 예수님의 약속, 즉 "내가 온 것은 양으로 생명을 얻게 하고 더 풍성히 얻게 하려는 것이라"(요 10:10)는 말씀이 진실임을 믿도록 요구한다.

베네딕트가 수도원을 세웠을 때 그는 그곳을 회심과 배움과 성화의 학교로 삼을 생각이었다. 그래서 렉시오 디비나를 일상생활의 일부로 만들었다. 기도하는 마음으로 성경을 읽고 묵상할 때 생기는 능력이 삶의 방향을 좌우한다는 것을 알았기 때문이다. 이는 오랜 세월에 걸쳐 진실로 입증되었다. 기도하는 마음으로 성경을 읽고 순종한 남성과 여성은, 토저(A. W. Tozer)의 말을 빌리면, "그것이 언젠가 [하나님이] 말씀하신 책일 뿐만 아니라 오늘도 말씀하시고 있는 책"임을 발견했다.[2] 성경 안에서 우리는 우리를 풍성한 삶으로 인도하고 싶어 하시는 하나님의 말씀을 듣는다.

참고
문헌
–

* Bonhoeffer, *Dietrich*. *Meditating on the Word*. 2nd ed. Cambridge, MA: Cowley Publications, 1986. 디트리히 본회퍼 지음, 김찬종 옮김, 『본회퍼의 시편 명상』(열린서원, 2004).

* Casey, Michael. *Sacred Reading: The Ancient Art of Lectio Divina*. Ligouri, Mo.: Liguori Publications, 1997. 마이클 케이시 지음, 강창헌 옮김, 『거룩한 책읽기: 고대 그리스도인들은 어떻게 성경을 읽었을까?』(성서와함께, 2007).

* Hall, Thelma. *Too Deep for Words: Rediscovering Lectio Divina*. New York: Paulist Press, 1988. 텔마 홀 지음, 차덕희 옮김, 『깊이 깊이 말씀 속으로: 거룩한 독서의 재발견』(성서와함께, 2001).

* Howard, Evan B. *Praying the Scriptures: A Field Guide for Your Spiritual Journey*. Downers Grove, Ill.: InterVarsity Press, 1999. 에반 B. 하워드 지음, 채수범 옮김, 『성경 그대로 기도하기』(규장, 2014).

* Robert Mulholland. *Shaped by the Word: The Power of Scripture in Small Groups*. Nashville: Upper Room, 1998. 로버트 멀홀랜드 지음, 최

렉시오 디비나
거룩한 독서의 모든 것

대형 옮김, 『영성형성을 위한 거룩한 독서』(은성, 2004).

- Bickersteth, Edward. *A Scripture Help: Designed to Assist in Reading the Bible Profitably.* Twenty-first edition. London: Seeleys, 1852.

- —— *Psalms: The Prayer Book of the Bible.* Minneapolis, MN: Augsbur Fortress, 1974.

- Frank Augustus Herman. *A Guide to the Reading and Study of the Holy Scripture.* First American Edition. Translated by William Jaques. Philadelphia: William Hogan, 1823. www.archive.org.

- Magrassi, Mariano. *Praying the Bible: An Introduction to Lectio Divina.* Collegeville, Minn.: Liturgical Press, 1998.

- Vest, Norvene. *Gathered in the Word: Praying the Scripture in Small Groups.* Nashiville: Upper Room, 1998.

- Wink, Walter. *The Bible in Human Transformation: Toward a New Paradigm in Bible Study.* Philadelphia: Fortress Press, 2010.

주
—

1. 하나님을 갈망하는 마음

1) *Holy Women, Holy Men: Celebrating the Saints* (New York: Church Publishing, 2010), p. 305.

2) *Christian Educator's Handbook on Spiritual Formation*, ed. Kenneth Gangel and James Wilhoit (Grand Rapids: Baker, 1997), p. 88.

3) 『팡세』 (파스칼 지음, 이환 옮김, 민음사, 2003).

4) Corpus Christianorum Series Latina, vol. 72, ed. Paul de Lagarde, Germain Morin and Marcus Adriaen (Turnhout, Belgium: Brepols, 1959), p. 178.

5) Thelma Hall, *Too Deep for Words: Rediscovering Lectio Divina* (New York: Paulist Press, 1988), p. 9. 『깊이 깊이 말씀 속으로: 거룩한 독서 (Lectio Divina)의 재발견』 (텔마 홀 지음, 차덕희 옮김, 성서와함께, 2001).

6) Timothy Fry, *Rule of Saint Benedict in English* (Collegeville, Minn.: Liturgical Press, 1982), p. 69.

7) Martin Luther, "Preface to the Wittenberg Edition of Luther's German

렉시오 디비나
거룩한 독서의 모든 것

Writings," in *Luther's Works*, vol. 34, ed. J. J. Pelikan, H. C. Oswald and H. T. Lehmann (Philadelphia: Fortress, 1999), p. 287.

8) J. B. Phillips, *Letters to Young Churches* (New York: Macmillan, 1951), xii.

9) James Wilhoit, *Spiritual Formation as if the Church Mattered* (Grand Rapids: Baker Academic, 2008), and Evan B. Howard, *The Brazos Introduction to Christian Spirituality* (Grand Rapids: Brazos, 2008), pp. 267-97.

2. 성경, 하나님의 말씀

1) Thomas Merton, *Opening the Bible* (Collegeville, Minn.: Liturgical Press, 1970), p. 17. 『성서의 문을 여는 마음』 (토마스 머튼 지음, 이현주 옮김, 다산글방, 2001).

2) 성경에서 "하나님의 말씀"이란 말은 선지자들, 사도들, 성령, 또는 성경을 통해 말씀하신 하나님의 메시지를 가리킨다. 우리가 성경을 가리켜 "하나님의 말씀"이라고 말하는 구절들을 인용할 때는, 그 어구를 사용하는 성경의 용법에서 성경의 어느 측면을 추론하는 것이 적절하지만 그 인용 구절들이 종종 폭넓은 용도를 유념하고 있다는 점을 의식하면서 그렇게 한다.

3) Thomas Chalmers, "On the Supreme Authority of Revelation," *The Works of Thomas Chalmers Volume Fouth: On the Miraculous and*

Internal Evidences of the Christian Revelation and the Authority of its Records (New York: Robert Carter, 1840), p. 432.

4) Howard V. Hong and Edna H. Hong, ed. and trans., *Søren Kierkegaard's Journals and Papers* (Bloomington: Indiana University Press, 7 vols., 1967-1978) vol. III, L-R, entry 3099, p. 415.

5) John R. W. Stott, *Evangelical Truth: A Personal Plea for Unity, Integrity and Faithfulness* (Downers Grove, Ill.: Intervarsity Press, 2003), p. 46. 『복음주의의 기본 진리』(존 스토트 지음, 김현회 옮김, 한국기독학생회출판부, 2002).

6) Albrecht Bengel, *Bengel's Gnomon of the New Testament: A New Translation*, vol. 1, ed. Charlton T. Lewis (Philadelphia: Perkinpine and Higgins, 1862), xxvi.

3. 성경을 읽는 우리는 누구인가?

1) John Horn, *Mystical Healing: The Psychological and Spiritual Power of the Ignatian Spiritual Exercises* (New York: Crossroad, 1996), pp. 20-21.

2) Robert McAfee Brown, *Unexpected News: Reading the Bible with Third World Eyes* (Philadelphia: Westminster Press, 1984), pp. 13-14.

3) Athanasius, *The Life of Antony*, trans. Robert C. Gregg (New York:

렉시오 디비나
거룩한 독서의 모든 것

Paulist Press, 1980), p. 31. 『안토니의 생애』 (아타나시우스 지음, 안미란 옮김, 은성, 1993).

4) Ignatius of Loyola, "The Autobiography," no. 8 in George E. Ganss, ed., *Ignatius of Loyola: The Spiritual Exercises and Selected Works* (New York: Paulist Press, 1991), p. 71.

5) Tremper Longman, *Proverbs* (Grands Rapids: Baker Academic, 2006), pp. 153-54; Bruce K. Waltke, *The Book of Proverbs: Chapters 1-15* (Grand Rapids: Eerdmans, 2004), pp., 91-92. Thimothy Keller, "Preaching to the Heart", address, Gordon-Conwell Theological Seminary, South Hamilton, Mass.

6) John Cassian, *Conferences: The Classics of Western Spirituality*, ed. Colm Luibhène Pichery (New York: Paulist Press, 1985), p. 4.

4. 읽기

1) Philip Doddridge, *The Rise and Progress of Religion in a Soul* (New York: American Tract Society, n. d.), chap. 19; cited from the Christian Classics Ethereal Library edition, p. 107.

2) Jean Leclercq, *The Love of Learning and the Desire for God*, 3rd ed. (New York: Fordham University Press, 1982), pp. 73-74.

3) Philipp Spener, "Spiritual Priesthood," no. 35 in *Pietists: Selected*

Writings, ed. Peter C. Erb, CWS (New York: Paulist Press, 1983), p. 34.

Alexander McPherson, *Westminster Confession of Faith*, Complete ed. (Glasgow, U.K." Free Presbyterian Publications, 1983), p. 23.

4) Edward Bickersteth, *A Scripture Help: Designed to Assist in Reading the Bible Profitably* (London: Seeleys, 1852), p. 53, italics in original.

5) Thomas Merton, *Opening the Bible* (Collegeville, Minn.: Liturgical Press, 1970), p. 37. 『성서의 문을 여는 마음』.

6) Augustine, "On Christian Doctrine," bk. 2, chap. 7, as quoted in Augustus Herman Franck, *A Guide to the Reading and Study of the Holy Scriptures*, trans. Willian Jaques (Philadelphia: David Hogan, 1823), pp. 87-88.

7) Franck, *A Guide to the Reading*, pp. 50, 80-81.

5. 묵상하기

1) Martin Luther, "Preface to the Witternberg Edition of Luther's German Writings," in *Luther's Works*, vol. 34, ed. J. J. Pelikan, H. C. Oswald and H. T. Lehmann (Philadelphia: Fortress, 1999), p. 286.

2) Douglas Burton-Christie, *The Word in the Desert: Scripture and the Quest for Holiness in Early Christian Monasticism* (New York: Oxford University Press, 1993), p. 123.

렉시오 디비나
거룩한 독서의 모든 것

3) Eugene Peterson, *Eat This Book: A Conversation in the Art of Spiritual Reading* (Grand Rapids: Eerdmans, 2005), pp. 1-2. 『이 책을 먹으라』(유진 피터슨 지음, 양혜원 옮김, IVP, 2006).

4) Dallas Willard, *The Great Omission: Reclaming Jesus's Essential Teachings in Discipleship* (San Francisco: HarperOne, 2006), pp. 126-27. www.dwillard.org/articles/artview.asp?artID=106#2a. 『잊혀진 제자도』(달라스 윌라드 지음, 윤종석 옮김, 복 있는 사람, 2007).

5) Dietrich Bonhoeffer and David Gracie, *Meditating on the Word* (Cambridge, Mass..: Cowley, 1986), p. 32. 『본회퍼의 시편 명상』.

6) Luther, "Preface to the Wittenberg Edition," p. 286.

7) Simon Tugwell, "A Dominican Theology Prayer," in *Dominical Ashram*, vol, 1, no. 3 (September 1982): 134-35.

8) Martyn Lloyd-Jones, *Spiritual Depression* (Grand Rapids: Eerdmans, 1965), p. 20. 『영적 침체』(마틴 로이드 존스 지음, 정상윤 옮김, 복 있는 사람, 2014).

9) 이밖에도 많은 행습이 있는데, 이에 대한 개관은 Peter Toon의 *From Mind to Heart: Christian Meditation Today* (Grand Rapids: Baker, 1987)를 보라.

10) Martin Laird, *Into the Silent Land: A Guide to the Christian Practice of Contemplation* (New York: Oxford University Press, 2006), pp. 36-42.

6. 기도하기

1) Phoebe Palmer, "Diary,", 1836, cited in *Phoebe Palmer: Selected Writings, Sources of American Spirituality*, ed. Thomas C. Oden (New York: Paulist Press, 1988), p. 99.

2) Evan B. Howard, *The Brazos Introduction to Christian Spirituality* (Grand Rapids: Brazos, 2008), pp. 314-18.

3) Charles Hambrick-Stowe, *The Practice of Piety-Puritan Devotional Disciplines in Seventeenth-Century New England* (Chapel Hill: University of North Carolina Press, 1982), p. 161.

4) Martin Luther, "Prefer to the Wittenberg Edition of Luther's German Writings" in *Luther's Works*, vol 34, ed. J. J. Pelikan, H. C. Oswald and H. T. Lehmann (Philadelphia: Fortress, 1999), p. 285.

5) Mariano Magrassi, *Praying the Bible: An Introduction to Lectio Divina*, trans. Edward Hagman (Collegeville, Minn.: Liturgical Press, 1998), p. 113.

6) Edward Bickersteth, *A Scripture Help: Designed to Assist in Reading the Bible Profitably* (London: Seeleys, 1852), p. 41.

7) 성경을 놓고 기도하는 다양한 본보기에 대해서는 다음 책을 보라. Evan B. Howard, *Praying the Scriptures: A Field Guide for Your Spiritural Journey* (Downers Grove, Ill.: Intervarsity Press, 1999). 『성경 그대로 기

렉시오 디비나
거룩한 독서의 모든 것

도하기』(에반 B. 하워드 지음, 채수범 옮김, 규장, 2014).

8) Philip Doddridge, *The Rise and Progress of Religion in a Soul* (New York: Amerian Tract Society, n. d.), chap. 19. sect. 9; cited from the Christian Classics Ethereal Library edition, p. 107. PDF file downloaded from http://www.ccel.org/ccel/doddridge/rise.html.

9) Hugh of St. Victor, *The Didaskalion of Hugh of St. Victor: A Medieval Guide to the Arts*, trans. Jerome Taylor (New York: Columbia University Press, 1991), p. 132.

10) Guigo II, *adder of Monks*, trans. Edmund Colledge and James Walsh (Kalamazoo, Mich.: Cistercian, 1979), pp. 72-73.

11) Henri J. M. Nouwen, *With Open Hands* (Notre Dame, Ind.: Ave Maria Press, 2006), p. 121.『열린 손으로』(헨리 나웬 지음, 조현권 옮김, 성바로오, 2010).

12) Ole Hallesby, *Prayer* (Minneapolis: Augsburg, 1994), p. 19.

13) Leanne Payne, *Restoring the Christian Soul: Overcoming Barrier to Completion in Christ through Healing Prayer* (Grand Rapids: Baker, 1991), p. 45.

14) Henri J. M. Nouwen, *Making All Things New: An Invitation to the Spiritual Life* (New York: HarperSanFrancisco, 1981), pp. 72-73.『모든 것을 새롭게』(헨리 나우웬 지음, 윤종석 옮김, 두란노서원, 2011).

7. 관조하기

1) Gregory the Great, *Homilies on Ezekiel*, cited in Bernard McGinn *The Growth of Mysticism: Gregory the Great Through the 12th Century* (New York: Crossroad, 1994), p. 42.

2) Cotton Mather, *Diary of Cotton Mather*, vol. 1, 1681-1709, ed. Worthington Chauncey Ford (New York: Frederick Ungar, n. d.), p. 278.

3) Evan B. Howard, *The Brazos Introduction to Christian Spirituality* (Grand Rapids: Brazos, 2008), pp. 310, 315-16, 324-325.

4) Thomas Keating, *Open Mind, open heart: The Contemplative Dimension of the Gospel* (New York: Contimuum, 1986), p. 20. 『마음을 열고 가슴을 열고: 누구라도 할 수 있는 관상 기도 입문서』(토마스 키팅 지음, 엄무광 옮김, 가톨릭출판사, 2010).

5) Jim Wilhoit, "Centering Prayer" in *Life in the Spiritual Formation in Theological Perspective*, ed. Jeffrey P. Greenman and George Kalantzis (Downers Grove, Ill: Intervarsity Press, 2010), pp. 180-97.

6) Anthony Bloom, *Beginning to Pray* (Mahwah, N. J.: Paulist Press, 1970), pp. 92-94.

7) John Calvin, *Institutes of the Christian Religion* 1.7.4, trans. Henry Beveridge (Grand Rapids: Eerdmans, 1953), vol. 1, p. 73. 『기독교 강요』.

8) Kallistos Ware, *The Power of the Name: The Jesus Prayer in Orthodox Spiritual* (Oxford: SLG Press, 1986), p. 1.

9) John Marray, *Redemption: Accomplished and Applied* (Grand Rapids: Eerdmans, 1955), p. 161. 『존 머레이의 구속: 구속의 성취와 그 적용』(존 머레이 지음, 장호준 옮김, 복 있는 사람, 2011).

10) Norman Doidge, *The Brain That Changes Itself: Stories of Personal Triumph from the Frontiers of Brain Science* (New York: Penguin, 2007). 『기적을 부르는 뇌: 뇌가소성 혁명이 일구어낸 인간 승리의 기록들』(노먼 도이지 지음, 김미선 옮김, 지호출판사, 2008).

11) G. E. H. Palmer, Philip Sherrard and Kallistos Ware, *The Philokalia*, vol. 4, The Complete Text (New York: Faber and Faber, 1999), p. 337.

12) C. S. Lewis, *Letters to Malcom: Chiefly on Prayer* (New York: Harcourt, 2002), p. 17.

8. 인생의 시련 중에 행동하기

1) Bruce Lee and John Little, *The Tao of Gung Fu: A Study in the Way of Chinese Martial Art* (North Clarendon, Vt.: Tuttle, 1997), p. 138.

2) Thomas of Celano, *The First Life of St. Francis*, chaps. 9-10 in Marion A. Habig, ed., *St. Francis of Assisi, Writings Early Biographies: English Omnibus of the Sources for the Life of St. Francis* (Chicago: Franciscan

Herald Press, 1983), pp. 246-47.

3) Albrecht Bengel, "The Gnomon of the New Testament," 2, in *Pietists: Selected Writings*, ed. Peter C. Erb, CWS (New York: Paulist Press, 1983), p. 255.

4) Douglas Burton-Christie, *The Word in the Desert: Scripture and the Quest for Holiness in Early Christian Monasticism* (New York: Oxford University Press, 1993), p. 23.

5) 이 이미지는 테드 워드(Ted Ward)가 다음의 책에서 착안하며 만든 것이다. Lois E. LeBar and Jim Plueddemann, *Education That Is Christian* (Colorado Springs: Chariot Victor, 1995), pp. 101-2.

6) Martin Luther, "Prefer to the Wittenberg Edition of Luther's German Writings" in *Luther's Works*, vol. 34, ed. J. J. Pelikan, H. C. Oswald and H. T. Lehmann (Philadelphia: Fortress, 1999), p. 286.

7) Stanley Milgram, *Obedience to Authority: An Experimental View* (New York: Harper Perennial Modern Classics, 2009), and Philip Zimbardo, *The Lucifer Effect: Understanding How Good People Turn Evil* (New York: Random House, 2007).

8) Hans-Ruedi Weber, *The Book That Reads Me* (Geneva: WCC Publications, 1995), ix.

렉시오 디비나
거룩한 독서의 모든 것

흡사 사바에 던져진 양처럼 까까중이 되었다. (병상일지 · 4), 입원실로 위문한 지인들에게 고마움을 느끼다가 그분들이 돌아간 후로 또다시 외로움 속에 봄과 여름이 지나 가을이 왔다. (병상일지 · 5), 지루함은 병실 안에 가득하고 깎은 머리에 4Kg의 무거운 틀을 쓴 채 눈을 감고 있으나 뜨고 있으나 긴 한숨만 나온다. (병상일지 · 6), 머리와 목과 상체에 나사를 틀어 하나로 묶은, 뿔이 난 저승사자처럼 험상궂은 모습으로 지루함을 삼킨다. (병상일지 · 7). 입원하여 치료를 받는 동안 병상에 누워 창문을 바라보니 창문으로 투영된 앞산 하늘 중간에 펼쳐놓은 다양한 색깔의 수채화가 가을 한 자락을 풍경화로 선물한다. (병상일지 · 8), 밖에는 계절이 변하는데 고통속에서 초췌해가는 절망속에 울먹이는 또하나의 자신을 보고 있다. (병상일기 · 9) 초점을 잃은 눈동자는 병실 창문밖에 멈추어 때마침 내리는 가을비는 처량하고 바람에 떨어지는 낙엽은 산자락에 뒹군다. (병상일지 · 10), 고현숙이 극한 상태에서도 시조를 엮는 과정에서 활유법을 인용하여 생동감 있게 다각화하여 재치와 대상물에 (입원 생활) 파생되는 느낌을 의인화한 환유의 표현 기법이 대견스럽다. 또한 선경 뒤꼍의 기법으로 자연을 묘사하고 자신의 내면에서 뿜어내는 일상적 서정을 차분히 나타낸다. 이미지와 상징성을 동원하여 그녀의 성품과 의지를 반영한다. 송죽과 같은 청렴한 지조와 충절로 비유하면서 일생이 아무리 고단해서 춥고 배고파도 절대로 절개를 팔지 않는 고결한 기풍은 변함이 없다. 멀쩡하게 두 눈을 뜨고도 사물을 제대로 분간하지 못하는 청맹과니처럼 윤리의 의미조차 깨우치지 못하는 심각한 문제로 대두되는 사례가 허다하다. 고현숙이 교통사고로 인하여 오랫동안 병원에 입원하여 치료받는 동안 고통의 체험을 담은《병상일지》10편을 소설 같은 내용의 단편 시조로 얽어내었다.

6. 마무리

고현숙의 시조집 표제작 『뜨락에서 우는 바람』의 전편에서 서사의 본능이 사장되지 않고 이 시집에서 살려내고 있음을 확인하였다. 시인이 구가하는 시학

결론

1) *The Book of Common Prayer* (New York: The Church Hymnal Corporation, 1979), p. 236.

2) A. W. Tozer, *The Pursuit of God* (Radford, Va.: Wilder Publications, 2008), p. 54.

렉시오 디비나: 거룩한 독서의 모든 것

초판 1쇄 발행   2016년 1월 30일
초판 3쇄 발행   2023년 3월 15일

지은이 제임스 윌호이트, 에반 하워드
옮긴이 홍병룡
펴낸이 정선숙

펴낸곳 협동조합 아바서원
등록 제 274251-0007344
주소 경기도 고양시 삼원로51 원흥줌하이필드 606호
전화 02-388-7944 **팩스** 02-389-7944
이메일 abbabooks@hanmail.net

© 협동조합 아바서원, 2016

ISBN 979-11-85066-47-9 03230

잘못 만들어진 책은 구입한 곳에서 교환해 드립니다.